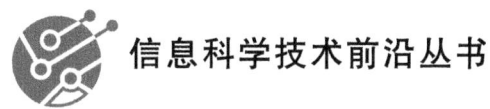信息科学技术前沿丛书

# 区块链数字货币用户身份识别研究

郑宝昆 著

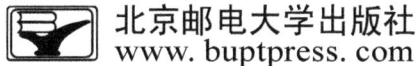
北京邮电大学出版社
www.buptpress.com

## 内 容 简 介

近年来,基于区块链技术的数字货币在金融领域引发范式变革,其市场规模呈现指数级增长态势。区块链系统所具备的去中心化分布式账本特性与伪匿名特征,在重塑价值传递机制的同时,为非法资金流动提供了技术庇护。本书聚焦于数字货币交易网络中的实体解析问题,通过构建多维度关联分析模型,突破传统地址聚类方法在漏判率与误判率控制上的技术瓶颈。现有研究表明,区块链匿名机制虽提升了交易隐私保护水平,但同时导致传统金融监管手段难以有效追踪资金流向。本书以数字货币交易图分析为切入点,提出了常规交易和混币交易模式下的实体识别模型,以及融合链上时序特征与链外异质数据的实体关联模型框架,从而丰富了实体识别的解决方案。

#### 图书在版编目(CIP)数据

区块链数字货币用户身份识别研究 / 郑宝昆著.
北京:北京邮电大学出版社,2025. -- ISBN 978-7-5635-7594-7

Ⅰ. F713.361.3

中国国家版本馆 CIP 数据核字第 2025FD0329 号

---

策划编辑:刘纳新　　责任编辑:王晓丹　廖国军　　责任校对:张会良　　封面设计:七星博纳

出版发行:北京邮电大学出版社
社　　　址:北京市海淀区西土城路 10 号
邮政编码:100876
发　行　部:电话:010-62282185　传真:010-62283578
E-mail:publish@bupt.edu.cn
经　　　销:各地新华书店
印　　　刷:保定市中画美凯印刷有限公司
开　　　本:720 mm×1 000 mm　1/16
印　　　张:13.5
字　　　数:185 千字
版　　　次:2025 年 8 月第 1 版
印　　　次:2025 年 8 月第 1 次印刷

ISBN 978-7-5635-7594-7　　　　　　　　　　　　　　　　　　　　定　价:79.00 元

・如有印装质量问题,请与北京邮电大学出版社发行部联系・

# 前　言

区块链技术的诞生是金融体系迈向数字化时代的重要转折。作为分布式账本技术的核心代表，区块链凭借其去中心化架构、密码学安全保障及不可篡改的数据特性，为货币形态的革新提供了底层技术支持。以比特币为首的数字货币自2009年问世以来，逐步从极客社区的实验性项目演变为全球金融市场不可忽视的力量。截至2025年3月，比特币市值突破2万亿美元，日均交易量逾千亿美元，其价格的波动甚至对传统资本市场产生显著的溢出效应。这一现象不仅体现了技术驱动的金融创新潜力，更揭示了新型货币体系对全球经济秩序的深远影响。

数字货币的崛起根植于区块链技术的三大核心优势：其一，通过分布式节点网络与共识机制，如工作量证明（PoW）、权益证明（PoS），取代中心化信用中介，实现点对点价值转移；其二，基于非对称加密算法构建匿名交易体系，用户通过公私钥对生成独立地址，实现身份与交易行为的脱钩；其三，依托链式数据结构与哈希指针，确保交易记录的全局透明性与历史可追溯性。这些特性显著降低了跨境支付成本，提高了金融包容性，并为去中心化金融（DeFi）生态的繁荣奠定了基础。国际清算银行（BIS）2024年报告显示，全球DeFi协议锁仓价值已超8 000亿美元，涵盖借贷、衍生品、保险等多元化金融服务，形成与传统金融并行的"影子体系"。

然而，技术赋能的另一面是监管失效这一风险的加剧。区块链数字货币的匿名性与抗审查特性，使其成为洗钱、勒索、暗网交易等犯罪活动的理想工具。Chainalysis《2024年加密犯罪报告》指出，当年全球加密犯罪涉案金额高达620亿美元，同比增幅达45%，其中勒索软件攻击、暗网市场交易及混币洗钱是主要的犯罪类型。例如：2023年某跨国贩毒集团利用门罗币（Monero）的环签名技术隐匿资金流向，涉案金额达12亿美元；同年，某国黑客组织通过跨链桥接协议将窃取的以太坊资产转换为比特币，并借助混币服务完成资金转移，规避了30余国的制裁。此类案例不仅暴露出现行监管框架的脆弱性，更凸显了匿名地址实体识别、混币交易追踪、跨境执法协作等技术与制度层面的双重挑战。

当前，针对区块链数字货币的监管研究集中于两大方向：一是通过链上数据分析构建地址聚类模型,建立匿名地址与实体身份的关联;二是利用机器学习算法识别异常交易模式,提升犯罪行为的预警效率。然而,现有方法有着显著的局限性。在技术层面,混币协议(如 Coin Join、Tornado Cash)通过将多笔交易混合输入并随机分配输出,彻底割裂资金流向的关联性,使得传统基于交易图的分析方法失效。以比特币混币服务 Wasabi 为例,其采用零知识证明技术来确保交易参与者的隐私,导致执法机构即便获取区块链数据,亦难以追溯原始资金来源。在数据层面,区块链网络的全球化特性导致监管机构的管辖权模糊,而各国立法的差异进一步增加了协同治理的难度。例如,欧盟《加密资产市场法案》(MiCA)要求交易所实施严格的客户身份验证(KYC),但部分离岸司法管辖区内仍允许用匿名账户进行交易,因此形成监管套利空间。

在此背景下,本书的研究以区块链数字货币交易的实体识别为核心。本书的创新点体现于三大方面:第一,提出了多模态数据融合框架,以整合链上交易数据、链外身份信息(如 IP 地址、设备指纹)及第三方合规数据库,构建跨维度实体关联模型;第二,针对混币交易,设计了动态概率追踪算法,以破解混币服务的隐匿机制;第三,开发了原型系统,以实现对 TB 级区块链数据的高效处理与犯罪模式识别。通过上述技术,本书旨在为监管机构提供从交易溯源到风险评估的全链条工具,丰富现有研究的理论与实践成果。

本书的学术价值与实践意义体现在以下维度:其一,通过解构区块链匿名机制的技术本质,为数字货币监管理论提供新的分析范式;其二,本书提出的混合式实体识别方法可扩展至其他隐私币种(如 Zcash、Dash),增强监管技术的普适性;其三,可为央行数字货币(CBDC)的设计提供反洗钱经验,如在 CBDC 中嵌入可控匿名特性,平衡隐私保护与监管需求。此外,随着量子计算技术的发展,传统加密算法(如椭圆曲线数字签名算法)面临被破解的风险,本书构建的适应性监管框架可为后量子时代的数字货币治理提供具有前瞻性的解决方案。

综上所述,区块链数字货币既是金融创新的催化剂,也是全球治理的新课题。其技术特性与犯罪滥用之间的张力,在本质上反映了效率、隐私与安全这一"不可能三角"的权衡困境。本书主要通过技术创新破解这一困境,推动数字货币从"野蛮生长"向"合规发展"转型,为构建安全、高效、包容的数字化金融生态提供理论支撑与实践路径。本书将围绕技术挑战、方法设计、实证分析及政策建议进行系统论述,以期为学术界与监管机构提供参考。

# 目 录

**第1章 概述** ·················································································· 1

  1.1 比特币与数字货币 ···································································· 1

    1.1.1 比特币的诞生与发展历程 ················································· 2

    1.1.2 数字货币全景 ······························································· 4

    1.1.3 比特币与数字货币的关联 ················································ 32

  1.2 区块链技术 ············································································ 34

    1.2.1 区块链技术架构 ··························································· 35

    1.2.2 区块链技术核心原理 ····················································· 39

    1.2.3 区块链技术特性 ··························································· 43

  1.3 区块链技术面临的挑战 ···························································· 47

    1.3.1 技术性能瓶颈 ······························································· 47

    1.3.2 安全隐患 ····································································· 48

    1.3.3 法律法规存在局限 ························································· 49

  1.4 本章小结 ··············································································· 50

**第2章 区块链数字货币系统中的数据隐私与安全** ······························· 51

  2.1 区块链数据结构与关键技术 ····················································· 51

    2.1.1 区块头 ········································································ 51

    2.1.2 区块体 ········································································ 55

  2.2 区块链网络与关键机制 ···························································· 58

    2.2.1 P2P组网机制 ······························································· 60

    2.2.2 数据传播机制 ······························································· 64

2.2.3 数据验证机制 ················································· 68
2.2.4 区块链网络层技术的应用案例 ······················ 69
2.3 数据隐私攻击 ··························································· 74
2.3.1 交易隐私攻击 ················································· 74
2.3.2 身份隐私攻击 ················································· 75
2.3.3 数据可用性攻击 ············································· 77
2.3.4 数据完整性攻击 ············································· 81
2.4 数据安全保护 ··························································· 84
2.4.1 数据隐私保护 ················································· 84
2.4.2 数据可用性保护 ············································· 92
2.4.3 数据一致性保护 ············································· 93
2.5 本章小结 ··································································· 94

## 第3章 区块链数字货币用户身份识别研究方法 ················ 96

3.1 比特币系统匿名性分析 ··········································· 96
3.1.1 比特币地址匿名性分析 ································· 96
3.1.2 混币技术匿名性分析 ····································· 99
3.2 区块链数字货币用户身份识别方法 ····················· 102
3.2.1 基于地址关联的用户身份识别机理与模型 ········ 103
3.2.2 常规交易模式下的用户身份识别 ··············· 104
3.2.3 混币交易模式下的用户身份识别 ··············· 107
3.2.4 链上与链外多数据融合的比特币用户身份识别 ··· 108
3.3 本章小结 ································································· 110

## 第4章 区块链数字货币用户身份识别机理与模型 ············ 111

4.1 引言 ········································································· 111
4.2 相关工作 ································································· 114
4.3 研究动机 ································································· 115
4.4 基于地址关联的用户身份识别机理 ····················· 116
4.4.1 比特币交易原理 ··········································· 117

4.4.2 比特币 UTXO ……………………………………………… 120
  4.4.3 比特币地址与用户的关联关系 ……………………………… 121
 4.5 基于地址关联的用户身份识别框架模型 ………………………… 122
  4.5.1 系统模型 ……………………………………………………… 122
  4.5.2 相关定义 ……………………………………………………… 124
 4.6 实验环境与测试数据集 ……………………………………………… 125
  4.6.1 实验环境 ……………………………………………………… 125
  4.6.2 测试数据集 …………………………………………………… 126
 4.7 本章小结 ……………………………………………………………… 127

## 第 5 章 常规交易模式下的区块链数字货币用户身份识别 …………… 128
 5.1 引言 …………………………………………………………………… 129
 5.2 相关工作 ……………………………………………………………… 131
  5.2.1 多输入交易地址启发式聚合关联 …………………………… 131
  5.2.2 找零地址启发式聚合关联 …………………………………… 132
 5.3 研究动机 ……………………………………………………………… 132
  5.3.1 找零地址判定条件存在的缺陷 ……………………………… 132
  5.3.2 启发式规则的局限性 ………………………………………… 133
 5.4 系统模型 ……………………………………………………………… 134
 5.5 基于地址关联的比特币用户身份识别分析 ……………………… 135
  5.5.1 启发式地址聚合关联规则 …………………………………… 135
  5.5.2 启发式地址聚合关联算法 …………………………………… 139
  5.5.3 大规模数据集地址聚合关联算法 …………………………… 142
 5.6 实验分析 ……………………………………………………………… 145
  5.6.1 不同数据集的准确率与召回率的实验分析 ………………… 145
  5.6.2 不同迭代次数的实验分析 …………………………………… 147
  5.6.3 不同启发式关联规则的实验分析 …………………………… 147
 5.7 本章小结 ……………………………………………………………… 149

## 第 6 章 混币交易模式下的区块链数字货币用户身份识别 …………… 150
 6.1 引言 …………………………………………………………………… 151

6.2 相关工作 ·················································································· 153
6.3 研究动机 ·················································································· 154
    6.3.1 比特币交易的可追踪性 ······················································· 154
    6.3.2 混币服务提升辨别难度 ······················································· 154
    6.3.3 共享发送混币交易的可追踪性 ·············································· 156
6.4 系统模型 ·················································································· 156
6.5 共享发送混币交易的比特币用户身份识别分析 ···································· 157
    6.5.1 共享发送混币交易的识别 ···················································· 157
    6.5.2 共享发送混币交易的可拆分性分析 ········································ 160
    6.5.3 共享发送混币交易的拆分优化算法 ········································ 163
    6.5.4 共享发送混币交易的拆分算法 ·············································· 166
6.6 实验分析 ·················································································· 168
    6.6.1 混币交易的统计分析 ·························································· 168
    6.6.2 准确率与召回率分析 ·························································· 169
6.7 本章小结 ·················································································· 171

## 第7章 链上与链外多数据融合的区块链数字货币用户身份识别 ············ 172

7.1 引言 ························································································ 172
7.2 相关工作 ·················································································· 174
7.3 研究动机 ·················································································· 176
    7.3.1 基于地址关联的身份识别的准确性 ········································ 176
    7.3.2 已聚合关联的地址集合的身份识别细粒度 ······························ 176
7.4 系统模型 ·················································································· 177
7.5 链上与链外多数据融合的区块链数字货币用户身份识别分析 ··············· 178
    7.5.1 链外数据收集 ··································································· 178
    7.5.2 链上与链外多数据融合的地址聚合关联算法 ··························· 181
    7.5.3 基于链上交易时间戳和金额的地址关联优化算法 ····················· 183
    7.5.4 基于模块度的地址关联优化算法 ·········································· 186
7.6 实验分析 ·················································································· 188
    7.6.1 准确率与召回率分析 ·························································· 188

  7.6.2 CryptoLocker 实例分析 ………………………………… 190

 7.7 本章小结 ………………………………………………………… 194

**第 8 章 未来研究方向** ………………………………………………… 195

 8.1 现有技术体系的局限性分析 …………………………………… 195

 8.2 未来研究方向 …………………………………………………… 196

 8.3 关键技术挑战与解决方案 ……………………………………… 197

 8.4 应用场景与社会价值 …………………………………………… 198

 8.5 结论与展望 ……………………………………………………… 199

**参考文献** ……………………………………………………………………… 200

# 第1章
# 概　　述

随着数字技术的飞速发展,全球经济格局正经历着深刻变革,数字货币应运而生,成为金融领域备受瞩目的新兴力量。2008年,中本聪(Satoshi Nakamoto)发表了比特币白皮书,标志着比特币的诞生。比特币作为数字货币的开山鼻祖,以去中心化、匿名性、分布式账本等创新特性,打破了传统货币体系的框架,引发了全球范围内对数字货币的广泛关注和深入研究。

本章通过对数字货币发展历程、技术原理、面临的挑战等方面进行全面分析,帮助读者更好地理解数字货币的本质和发展趋势,为金融机构、投资者、监管部门等提供有价值的参考,从而在数字货币的浪潮中把握机遇,应对挑战。

## 1.1　比特币与数字货币

比特币的出现,不仅为人们提供了一种全新的价值存储和交换媒介,还推动了区块链技术的发展。比特币成为金融领域的重要创新成果。近年来,比特币的价格波动剧烈,吸引了大量投资者的参与,其市场影响力不断扩大。同时,以太币、莱特币等多种数字货币也如雨后春笋般涌现,形成了庞大的数字货币生态系统。

数字货币的兴起,对传统金融体系产生了多方面的影响。一方面,它挑战了中央银行的货币发行权和货币政策调控能力,改变了货币的供应和流通模式;另一方面,数字货币的交易和应用也给金融监管带来了新的挑战,如反洗钱、反恐怖融资等。此外,数字货币的发展还引发了人们对金融创新、金融稳定和经济发展的深入思考。

## 1.1.1 比特币的诞生与发展历程

2008年,中本聪在互联网上发表了一篇名为《比特币:一种点对点的电子现金系统》的论文,首次提出了比特币的概念。2009年1月3日,中本聪在位于芬兰赫尔辛基的一台小型服务器上,亲手创建了第一个比特币区块,即"创世区块",并获得了50枚比特币的奖励,这标志着比特币的正式诞生。

比特币的诞生并非偶然,而是多种因素共同作用的结果。2008年全球金融危机爆发,传统金融体系的弊端暴露无遗,人们对中央银行的信任受到严重冲击,迫切需要一种更加公平、透明、去中心化的货币体系。比特币应运而生。它基于区块链技术,通过去中心化的方式实现了点对点的电子现金交易,无须第三方机构的介入,为人们提供了一种全新的货币选择。

在比特币诞生初期,其价值并未得到广泛认可,交易也相对较少。2010年5月22日发生了比特币历史上著名的"比萨事件":一位名叫Laszlo Hanyecz的程序员用10 000个比特币购买了两个比萨。这是比特币首次在现实世界中用于交易,也标志着比特币开始进入人们的视野。此后,比特币的价格开始逐渐上涨,吸引了越来越多的投资者和开发者的关注。

2013年,比特币迎来了一轮快速发展期。这一年,比特币的价格从年初的13美元/枚左右一路飙升至年底的1 100美元/枚左右,涨幅超过80倍。比特币价格的大幅上涨吸引了大量的投资者涌入市场,同时也引发了社会各界的广泛关注。然而,比特币价格的快速上涨也引发了监管部门的担忧,一些国家和地区开始对比特币进行监管,比特币价格因此出现大幅波动。

2017年,比特币再次迎来了一轮牛市行情。这一年,比特币价格从年初的1 000美元/枚左右上涨至年底的近20 000美元/枚,市值一度超过3 000亿美元。比特币价格的大幅上涨引发了全球范围内的加密货币投资热潮,各种数字货币如雨后春笋般涌现。然而,比特币价格的快速上涨也引发了监管部门的高度关注。2017年9月,中国人民银行(央行)、中央网络安全和信息化委员会办公室(中央网信办)、工业和信息化部、国家工商行政管理总局(现为国家市场监督监管总局)、中国银行业监督管理委员会(银监会,现为国家金融监督管理总局)、中国证券监督管理委员会(证监会)、中国银行保险监督管理委员会(保监会,现为国家金融监督管理总局)七家中国金融监管与行政部门联合发布的《关于防范代币发行融资风险的公告》明确禁止了虚拟货币的交易和首次代币发行(ICO)活动,比特币价格随之大幅下跌。

2020年,新冠疫情暴发,全球经济陷入衰退,各国央行纷纷采取宽松的货币政策,市场流动性大幅增加。在这种背景下,比特币作为一种避险资产,受到了投资者的青睐,价格再次出现大幅上涨。2021年4月,比特币价格突破60 000美元/枚大关,市值超过1万亿美元。然而,比特币价格的快速上涨同样引发了监管部门的担忧。一些国家和地区开始加强对比特币的监管,比特币价格因此出现大幅波动。

近年来,比特币的价格波动依然较为剧烈,但总体上呈现出上涨的趋势。截至2024年12月,比特币价格突破104 500美元/枚,刷新历史高位。比特币的发展历程充满了挑战和机遇,它不仅改变了人们对货币的传统认知,也为金融领域的创新和发展带来了新的思路和方向。

比特币的价格受到多种因素的影响。市场供需关系是影响价格的重要因素之一。随着人们对比特币的认可度不断提高,市场需求增加,而比特币的总量有限,这在一定程度上推动了比特币价格上涨。矿工的挖矿行为会影响比特币的供应。挖矿难度的调整以及区块奖励减半等事件都会直接影响市场上比特币的供应量,进而影响价格。宏观经济环境对比特币价格会产生重要影响。在经济不稳定、通货膨胀高企时,投资者可能将比特币视为一种保值资产,从而推动价格上涨;在经济繁荣时期,投资者风险偏好增强,可能增加对比特币等风险资产的投资,从而推动价格上涨;在经济衰退时期,投资者趋于保守,可能导致比特币价格下跌。政策法规的变化是影响比特币价格的重要因素。各国政府对比特币的态度和相关政策法规的出台对其价格有着显著影响。严格的监管政策可能导致市场恐慌,比特币价格下跌;而支持性的政策则可能促进比特币价格上涨。技术发展会对比特币价格产生影响。比特币自身技术的改进和升级,如提高交易速度,增强安全性等,会增加投资者的信心,对价格产生积极作用。此外,市场情绪、媒体报道、名人言论等因素也会对比特币价格产生影响。同时,投资者的情绪对比特币价格起着关键作用。市场传闻、媒体报道等都可能引发投资者情绪的变化,导致比特币价格大幅波动。

## 1.1.2 数字货币全景

数字货币是一种以数字化形式存在的货币,它基于现代信息技术,特别是区块链技术,实现了价值的数字化表示和转移。与传统货币不同,数字货币不依赖于实体形式,如纸币或硬币,而是通过电子数据的形式存储和交易。数字货币的核心特性包括去中心化、匿名性、可编程性和高效性等,这些特性使其在金融领域和日常生活中展现出独特的优势和潜力。

根据发行主体和性质的不同,数字货币主要可以分为加密数字货币、法定数字货币和稳定币等几类。加密数字货币是基于区块链技术,通过密码学原理确保交易安全并控制货币发行的数字货币,如比特币、以太币等。它们具有去中心化、匿名性和不可篡改等特性,交易记录存储在分布式账本上,由网络中的节点共同维护。法定数字货币则是由中央银行发行和管理的数字货币,其价值与法定货币挂钩,具有法定货币的地位和效力,如中国的数字人民币。法定数字货币的发行旨在提高支付效率,降低交易成本,加强金融监管等,同时也有助于推动货币体系的数字化转型。稳定币是一种特殊的数字货币,其价值与某种稳定资产(如法定货币、黄金等)挂钩,旨在保持价格的相对稳定,减少价格波动对交易的影响。常见的稳定币有泰达币(USDT)、美元币(USDC)等,它们在数字货币市场中起到了价值存储和交易媒介的作用,为投资者和交易者提供了更加稳定的选择。

**1. 发展现状**

全球数字货币市场规模呈现出快速增长的趋势。近年来,随着比特币等数字货币的价格上涨和市场认可度的提高,越来越多的投资者和机构开始参与到数字货币市场中。根据相关数据显示,截至2024年,全球数字货币总市值已经超过了万亿美元级别,其中比特币和以太币等主流数字货币占据了较大的市场份额。同时,数字货币的交易活跃度也在不断提升,全球各大数字货币交易平台的交易量持续增长,交易品种日益丰富。

数字货币的用户数量在迅速增长。随着数字货币的普及和宣传,越来越多的人开始了解和接受数字货币,并将其作为一种投资工具或支付方式。尤其是在一些新兴经济体和发展中国家,数字货币的用户数量增长得更为明显。这些地区的人们对数字货币的接受度较高,并且希望通过数字货币来实现金融创新和资产增值。此外,一些大型金融机构和科技公司也开始涉足数字货币领域,推出了相关的数字货币产品和服务,这进一步推动了数字货币的用户数量增长。

技术创新是数字货币发展的重要驱动力。区块链技术作为数字货币的核心技术在不断改进和完善。新的共识机制、智能合约技术、隐私保护技术等不断涌现,提高了数字货币的性能和安全性。例如,以太坊2.0的升级计划旨在提高以太坊的可扩展性和交易处理能力,通过引入权益证明(Proof of Stake,PoS)共识机制来减少能源消耗,提高网络效率。同时,一些新兴的数字货币项目也在试图将区块链技术与人工智能、物联网等技术相结合,以拓展数字货币的应用场景和功能。

数字货币的应用场景在不断拓展。除了作为投资和支付工具,数字货币还在跨境支付、供应链金融、数字身份认证、去中心化金融(DeFi)等领域得到了广泛应用。在跨境支付方面,数字货币可以实现快速、低成本的跨境转账,提高资金的流动效率;在供应链金融方面,数字货币可以用于记录和追踪货物的流转和资金的支付,提高供应链的透明度和安全性;在数字身份认证方面,数字货币可以利用区块链的不可篡改特性,实现用户身份的安全验证和管理;在DeFi方面,数字货币为用户提供了更加便捷、高效的金融服务,如借贷、交易、保险等,打破了传统金融机构的垄断。

**2. 主要数字货币项目**

1) 比特币(BTC)

比特币诞生于2008年全球金融危机的背景之下,当时传统金融体系的弊端暴露无遗,人们对金融机构的信任受到严重冲击。在这样的背景下,中本聪在密码学邮件列表中发表了论文《比特币:一种点对点的电子现金系统》,并提出了比特币的概念,旨在构建一个去中心化、无须信任第三方机构的电子现金系统。2009年1月3日,中本聪挖掘出比特币的"创世区块",比特币正式诞生。这一创新之举开启了数字货币的新时代,为人们提供了一种全新的价值存储和交换方式。

比特币具有诸多独特的特性。去中心化是其核心特性之一。比特币网络没有中央控制机构，而是由分布在全球各地的节点共同维护。这些节点通过共识机制来验证和记录交易，确保了比特币系统的自主性和抗攻击性。任何一个节点的故障或恶意行为都不会影响整个系统的正常运行，因为其他节点仍能继续发挥作用。在比特币网络中，交易信息被广播到各个节点，节点通过工作量证明（PoW）共识机制来竞争记账权，只有成功完成工作量证明的节点才能将交易记录添加到区块链上。这种去中心化的特性使比特币摆脱了对传统金融机构的依赖，降低了信任风险，提高了交易的安全性和可靠性。

比特币的供应量是有限的，总量被设定为 2 100 万枚。这种供应量有限的设计使比特币具有类似于黄金的稀缺性，从而赋予了它一定的价值存储功能。随着时间的推移，比特币的挖矿难度逐渐增加，新比特币的产生速度逐渐减慢。大约每 10 min 产生一个新的区块，每个区块包含一定数量的比特币奖励，但随着区块高度的增加，比特币奖励会逐渐减半。这种机制确保了比特币的供应量不会无限增加，从而维持了其价值的相对稳定性。与传统货币不同，比特币不受政府或中央银行的控制，其发行和交易基于算法和密码学原理，具有较高的透明度和可预测性。

比特币在数字货币领域占据着举足轻重的地位，堪称数字货币的鼻祖。它的出现，不仅验证了电子货币的技术可行性，还创造了一种通过纯软件和点对点方式的新型支付体验，同时开创了全新的三方记账模式。比特币的成功导致大量的开发者和投资者开始关注区块链技术，为后续数字货币的发展奠定了基础。后来出现的许多数字货币在技术架构、经济模型等方面都借鉴了比特币的设计理念。比特币的价格走势也对整个数字货币市场产生了深远影响，常常被视为数字货币市场的风向标。当比特币价格上涨时，往往会使整个数字货币市场更加繁荣；而当比特币价格下跌时，往往会引发市场的恐慌。在2021年,比特币价格一度突破60 000美元/枚,引发了全球投资者对数字货币的关注和追捧,许多新的数字货币项目也因此纷纷涌现。

2) 以太币(ETH)

以太坊由Vitalik Buterin在2013年年末提出设想,并于2015年正式上线。Vitalik Buterin是一位俄罗斯裔加拿大籍程序员,他在比特币的基础上提出了一种更加通用的区块链平台概念,旨在实现智能合约的应用,并拓展区块链技术在更多领域的应用场景。以太坊的诞生标志着区块链技术从数字货币时代进入了智能合约和去中心化应用(DApp)的新时代,为开发者提供了一个强大的工具,使开发者能够在区块链上构建各种创新的应用程序。

以太坊最突出的特性是支持智能合约。智能合约是一种自动执行的合约,其条款和条件直接写在代码中,一旦满足预设的条件,合约将自动执行相应的操作,无须第三方的干预。以太坊的智能合约基于图灵完备的编程语言,如Solidity,可以实现复杂的逻辑和功能。开发者可以使用条件语句、循环、函数等编程概念来定义合约的行为,从而创建各种灵活且多样化的应用。在金融领域,智能合约可以用于自动执行借贷协议,当借款人满足还款条件时,资金会自动转移。在供应链管理中,智能合约可以实现货物的追踪和验证,确保货物的来源和运输过程的真实性。

以太坊在去中心化应用开发中扮演着至关重要的角色,是目前最受欢迎的去中心化应用开发平台之一。在DeFi领域,以太坊上涌现出了众多创新的应用,如借贷协议、去中心化交易所(DEX)、稳定币等。这些应用通过智能合约实现了金融交易的去中心化,使用户可以在无须传统金融机构中介的情况下进行各种金融操作。Compound是以太坊上的一个借贷协议,它允许用户存入和借出数字货币,并通过智能合约自动匹配借贷双方的需求,确定利率。Uniswap是以太坊上的一个去中心化交易所,它采用自动做市商(AMM)机制,实现了数字货币的自动交易,无须中心化的订单簿。

以太坊是非同质化代币（NFT）的主要发行和交易平台。NFT是一种独特的数字资产，每个NFT都具有独一无二的标识，代表着特定的数字内容，如数字艺术品、收藏品、虚拟土地等。以太坊的智能合约为NFT的发行和交易提供了技术支持，使得NFT市场得以蓬勃发展。CryptoPunks是以太坊上最早的一批NFT项目之一，它包含了10 000个独特的像素化头像，每个头像都是一个NFT，具有独特的属性和价值。这些NFT在市场上受到了广泛的关注和追捧，因此价格不断攀升。此外，以太坊还支持去中心化自治组织（DAO）的创建和运营。DAO是一种基于区块链技术的组织形式，其决策和运营通过智能合约实现，成员可以通过持有代币参与组织的决策和管理。

3）币安币（BNB）

BNB是全球最大的加密货币交易平台之一的币安交易所发行的原生代币，BNB基于以太坊区块链，初始发行总量为2亿枚。币安交易所由赵长鹏等人于2017年创立，其凭借高效的交易系统、丰富的交易对以及优质的用户服务，迅速在全球加密货币交易市场中崭露头角，成为行业内的领军者。

作为币安交易所的原生代币，BNB具有多种重要功能。在币安交易所进行交易时，用户使用BNB支付交易的话，手续费可享受一定折扣。这一优惠措施吸引了众多交易频繁的用户，他们通过持有BNB来降低交易成本，从而提高了交易效率和资金利用率。对于一些高频量化交易团队而言，使用BNB支付的话，手续费能够显著降低，从而降低交易成本，在市场竞争中更具优势。

BNB持有者还拥有参与币安生态系统治理的权利。币安交易所定期组织社区投票活动，用户可以使用BNB对重大事项进行投票表决，如项目上币决策、平台规则调整等。这种民主的决策机制，不仅让用户能够参与到币安交易所的发展规划中，增强了用户对平台的认同感和归属感，也使得币安交易所的决策更加透明、合理,符合市场需求。在一次关于新币种上线的投票中,持有BNB的用户积极参与投票,表达自己的意见和建议,最终成功上线了符合市场需求的新币种。

在币安智能链(Binance Smart Chain,BSC)上,BNB作为原生代币发挥着关键作用。BSC是币安交易所推出的智能合约平台,其可以支持与以太坊虚拟机(EVM)兼容的智能合约,为开发者提供了便捷的开发环境。在BSC上,BNB用于支付智能合约执行的费用,以及各种DeFi应用、去中心化交易所等场景。用户可以使用BNB进行流动性挖矿、借贷、交易等操作,实现资产的增值和管理。在BSC上的一些去中心化交易所中,用户可以使用BNB作为交易对的基础货币,与其他数字货币进行交易,体验快速、低成本的交易。

币安交易所每个季度都会使用平台收入的20%来回购BNB并将其销毁,这一过程会持续进行,直到销毁了总供应量一半的BNB。代币销毁机制减少了BNB的市场流通量,在需求不变或增加的情况下,根据供求关系原理,BNB的价值有望提升。随着BNB供应量的逐渐减少,市场上对BNB的需求相对增加,推动了BNB价格的上涨,为持有者带来了潜在的收益。

4) 泰达币(USDT)

泰达币(Tether,USDT),由Tether公司于2014年发行,是一种将加密货币与法定货币美元挂钩的虚拟货币。它的诞生旨在为加密货币市场提供一种相对稳定、低波动性的价值存储和交易媒介,以应对比特币等主流加密货币价格剧烈波动的问题。在比特币等数字货币价格大幅波动时,投资者可以将资产转换为USDT,以保护其资产价值,待市场稳定后再进行其他投资操作。

USDT采用1:1锚定美元的发行机制,即每发行1枚USDT,Tether公司就声称在其银行账户中存入1美元作为储备金。这种机制使得USDT的价值相对稳定,因为其理论上可以随时兑换成等值的美元。Tether 公司通过这种方式为加密货币市场提供了一种与传统法定货币挂钩的桥梁,使投资者在加密货币交易中能够更方便地进行价值衡量和资产转移。当投资者在不同的加密货币交易所之间进行交易时,USDT 可以作为一种通用的交易媒介,帮助投资者方便快捷地完成资产转移,避免了因不同交易所支持的法定货币不同而带来的不便。

USDT 在稳定币市场占据着举足轻重的地位,是目前市场上规模最大、应用最广泛的稳定币之一。截至 2024 年,泰达币的发行总量已突破 600 亿美元,其市场份额在稳定币市场中一直名列前茅。USDT 的广泛应用为加密货币市场的发展提供了重要的支持。在 DeFi 领域,USDT 被广泛用作抵押品和交易对,促进了借贷、交易等金融活动的开展。在一些 DeFi 借贷平台上,用户可以将 USDT 作为抵押品,借入其他数字货币,以实现资金的灵活运用。在去中心化交易所中,USDT 与其他数字货币的交易对也非常活跃,为用户提供了便捷的交易选择。

然而,USDT 也面临着一些争议和挑战。USDT 储备金的透明度一直备受质疑。尽管 Tether 公司声称 USDT 与美元 1:1 挂钩,但其储备金的具体构成及审计情况披露有限,因此,引发了市场对其是否真正拥有足额美元支撑的怀疑。一些批评者认为,Tether 公司可能存在超发 USDT 的情况,从而影响市场的稳定。全球范围内对稳定币监管趋严的这一趋势也给 USDT 的发展带来了不确定性,且未来可能出现的更严格的审计要求、资本充足率规定等都可能对 USDT 的发行和运营产生影响。随着其他稳定币如 USD Coin(USDC)、Binance USD(BUSD)等的崛起,USDT 正面临日益激烈的市场竞争。这些竞争者在透明度、合规性等方面的优势可能会削弱 USDT 的市场份额。

5) 瑞波币（XRP）

瑞波币是瑞波实验室（Ripple Labs）发行的一种数字货币,旨在解决传统金融体系中跨境支付效率低下、成本高昂的问题。瑞波币的诞生为全球金融机构提供了一种全新的跨境支付解决方案,通过利用区块链技术的分布式账本和共识机制,实现了资金的快速、低成本转移。

瑞波币在跨境支付领域具有显著优势。传统跨境支付模式往往涉及多个中间机构,如代理行、清算行等,这些中间环节不仅增加了支付的复杂性,还导致交易时间长、手续费高等问题。一笔从中国汇款到美国的跨境转账通过传统银行系统可能需要 3~5 个工作日才能完成,且手续费可能高达几十美元。而瑞波币的跨境支付网络则大为不同,它基于瑞波协议（Ripple Protocol）,采用分布式账本技术,能够实现近乎实时的跨境转账。通过瑞波币进行跨境支付,交易可以在几秒钟内完成,大大缩短了资金到账时间。另外,瑞波币的交易手续费极低,通常只需几美分,相较于传统跨境支付的高额手续费具有明显的成本优势。

瑞波币的共识机制为其在跨境支付中的高效运作提供了保障。瑞波币采用的是瑞波共识算法（Ripple Consensus Algorithm）,这是一种基于信任网络的共识机制。在瑞波网络中,节点之间通过建立信任关系,形成一个信任网络。当有新的交易发生时,节点会将交易信息广播到网络中,其他节点会对交易进行验证。如果大部分信任节点认可该交易,则交易就会被确认并添加到区块链上。这种共识机制不需要像比特币的 PoW 机制那样进行大量的计算,因此交易确认速度快,能源消耗低。与 PoW 机制相比,瑞波共识算法的交易确认时间可以从几分钟缩短到几秒钟,同时大大降低能源消耗,使瑞波币在跨境支付中能够实现高效、快速的交易处理。

在金融领域,瑞波币展现出了巨大的应用潜力。在国际贸易融资方面,瑞波币也可以发挥重要作用。传统的国际贸易融资流程繁琐,涉及多个环节和机构,融资周期长。而利用瑞波币的区块链技术可以实现国际贸易融资的数字化和自动化,加快融资流程,降低融资成本。当满足特定的贸易条件时,通过智能合约,资金可以自动释放,从而提高贸易融资的效率和安全性。

6) 艾达币(ADA)

卡尔达诺(Cardano)由以太坊联合创始人 Charles Hoskinson 于 2017 年创立,是一个基于科学验证的区块链平台。它旨在解决其他区块链面临的可扩展性、可持续性和互操作性等方面的问题,通过运用经过了同行评审的学术研究成果,卡尔达诺构建了一个更加安全、高效和可持续的区块链生态系统。

卡尔达诺采用了独特的 Ouroboros 共识机制(这是一种基于 PoS 机制的创新共识算法)。与传统的 PoS 机制不同,Ouroboros 共识机制通过数学证明来确保区块链的安全性和公平性。它将区块链的生成过程分为多个时隙(Slot),每个时隙都有一个领导者被随机选来生成新区块。领导者的选择基于节点持有的 ADA 数量和时间,持有 ADA 数量越多,持有时间越长的节点成为领导者的概率就越大。这种机制有效地避免了传统 PoS 机制中可能出现的"富者越富"问题,确保了区块链的去中心化和公平性。同时,Ouroboros 共识机制还具有较高的能源效率,不需要像 PoW 机制那样进行大量的计算,因此减少了能源消耗,使卡尔达诺更加环保和可持续。

卡尔达诺在可扩展性方面表现出色。它采用了分层架构,将区块链分为结算层和计算层。结算层负责处理交易的验证和确认,确保交易的安全性和可靠性。计算层则负责执行智能合约和去中心化应用的逻辑,提供强大的计算能力。这种分层架构使卡尔达诺能够实现更高的交易处理速度和更好的可扩展性。在结算层,卡尔达诺采用了并行处理技术,能够同时处理多个交易,提高了交易处理效率。在计算层,卡尔达诺支持多种编程语言,如 Haskell、Python 等,为开发者提供了更加灵活的开发环境。通过分层架构和并行处理技术,卡尔达诺能够处理大量的交易,满足大规模应用的需求。

卡尔达诺注重可持续性发展。它通过独特的经济模型设计,确保了网络能够长期地稳定运行。卡尔达诺采用了通缩型的货币政策,即随着时间的推移,ADA 的供应量会逐渐减少。这种设计可以有效地防止通货膨胀,从而稳定 ADA 的价值。同时,卡尔达诺还引入了奖励机制,鼓励节点积极参与网络的维护和验证。节点通过验证交易和生成新区块,可以获得一定数量的 ADA 奖励。这种奖励机制不仅可以激励节点积极参与,还保证了网络的安全性和稳定性。此外,卡尔达诺还致力于推动区块链技术的可持续发展,积极参与环保和社会公益项目,为社会做出贡献。

在实际应用中,卡尔达诺已经在多个领域取得了进展。在金融领域,卡尔达诺可以用于构建去中心化的金融应用,如借贷协议、去中心化交易所等。通过智能合约,卡尔达诺能够实现金融交易的自动化和智能化,降低交易成本,提高交易效率。在供应链管理领域,卡尔达诺可以实现供应链信息的透明化和可追溯性。通过区块链技术,卡尔达诺可以记录供应链中的每一个环节,确保产品的质量和来源可追溯。在身份验证领域,卡尔达诺可以提供安全、可靠的身份验证服务。通过区块链技术,卡尔达诺可以实现身份信息的去中心化存储和管理,保护用户的隐私安全。

7) 索拉纳币(SOL)

索拉纳(Solana)由前高通和 Dropbox 工程师 Anatoly Yakovenko 于 2017 年创立,旨在解决传统区块链面临的性能瓶颈问题,如交易处理速度慢、交易费用高等,为区块链技术在更多领域的应用提供可能。

索拉纳的核心特性之一是其高性能的区块链技术。它采用了多项创新技术,以实现高吞吐量和低延迟的交易处理。索拉纳引入了历史证明

(Proof of History,PoH)机制。这是一种时间戳系统,能够在区块链网络中生成可验证的时间顺序。PoH 机制使节点能够在本地验证交易的时间顺序,而无须与其他节点进行大量的通信,从而大大提高了交易处理速度。索拉纳还采用了塔图因(Tatuin)数据可用性抽样技术。该技术允许节点在不下载整个区块链数据的情况下验证交易的有效性,从而进一步提高了网络的效率。通过这些创新技术,索拉纳能够实现高达 65 000 TPS(每秒交易数)的吞吐量,远远超过了比特币和以太坊等传统区块链的交易处理能力。与比特币平均每秒处理 7 笔交易,以太坊平均每秒处理 15~45 笔交易相比,索拉纳的高吞吐量使其能够满足大规模商业应用的需求,如 DeFi、游戏、电子商务等领域。

在处理高并发交易方面,索拉纳具有显著优势。其独特的架构设计和共识机制使它能够在高负载情况下保持稳定的性能。索拉纳采用了 PoS 和委托权益证明(DPoS)相结合的共识机制,通过选举验证者节点来验证交易和生成新区块。这种机制减少了参与共识的节点数量,提高了共识达成的速度,从而能够更好地处理高并发交易。索拉纳的网络架构采用了并行处理技术,能够同时处理多个交易,这进一步提高了交易处理效率。在去中心化交易所应用中,当大量用户同时进行交易时,索拉纳能够快速处理这些交易,以确保交易的及时性和高效性。相比之下,以太坊在高并发情况下,交易处理速度会显著下降,交易费用也会大幅增加,而索拉纳则能够在高并发环境下保持较快的交易确认速度和较低的交易费用。

索拉纳的应用场景非常广泛。在 DeFi 领域,索拉纳上已经出现了许多创新的应用,如借贷协议、去中心化交易所、稳定币等。Solend 是索拉纳上的一个借贷协议,它提供了高效的借贷服务,用户可以在该平台上存入和借出数字货币,从而获得利息收益或进行资金周转。Serum 是索拉纳上的一个去中心化交易所,它采用了订单簿和自动做市商相结合的交易模式,提供了快速、低成本的交易体验。在NFT领域,索拉纳也发展迅速。由于具有高性能和低交易费用的特性,索拉纳吸引了许多NFT项目的入驻。Solana Monkey Business是索拉纳上的一个知名NFT项目,它发行的一系列独特的猴子头像NFT受到了市场的广泛关注和追捧。这些NFT可以在索拉纳的NFT市场上进行交易,为用户提供了全新的数字资产投资和收藏体验。此外,索拉纳还在游戏、供应链管理、身份验证等领域有着广阔的应用前景。

8)波卡币(DOT)

波卡(Polkadot)由以太坊联合创始人Gavin Wood博士于2016年提出,并于2020年正式上线。它是一个旨在实现区块链之间互联互通,打破区块链之间的孤岛,构建一个更加开放、包容和可扩展的区块链生态系统的异构多链平台。

波卡的架构设计独特,它采用了一种名为"中继链"(Relay Chain)和"平行链"(Parachains)的结构。中继链是波卡网络的核心,负责维护整个网络的安全和共识。它通过一种名为"提名权益证明"(Nominated Proof of Stake,NPoS)的共识机制来验证和确认交易,确保网络的去中心化和安全性。在NPoS机制下,验证者节点由网络中的参与者提名,这些参与者根据验证者节点的表现和信誉来选择支持哪个验证者节点。验证者节点通过验证交易和保护网络安全来获得奖励,而提名者也会根据其所支持的验证者节点的表现获得相应的奖励。这种机制可以有效地激励节点积极参与网络的维护和验证,提高网络的安全性和稳定性。

平行链则是连接到中继链上的独立区块链,每个平行链都可以根据自身的需求定制不同的功能和应用场景。平行链可以处理特定类型的交易和应用,如金融交易、供应链管理、身份验证等。它们通过一种名为XCMP(Cross-Chain Message Passing)的跨链通信协议与中继链进行通信,实现了不同区块链之间的互操作性。在波卡生态中,有许多不同类型的平行链,如

Acala，它是一个基于波卡的 DeFi 平台，提供了借贷、交易、稳定币等多种金融服务。通过与中继链的连接，Acala 可以与其他平行链进行交互，实现资产的跨链转移和应用的互联互通。

波卡作为异构多链平台，具有显著的特性。它支持不同类型的区块链连接到中继链上，这些区块链可以采用不同的共识机制、数据结构和应用逻辑。这使得波卡能够兼容各种不同的区块链技术，为不同的应用场景提供不同的解决方案。一些区块链可能采用 PoW 共识机制，而另一些可能采用 PoS 或其他共识机制。在波卡的异构多链环境中，这些不同共识机制的区块链都可以通过平行链的形式连接到中继链上，实现相互之间的通信和协作。

波卡的可扩展性也是其重要特性之一。通过引入平行链的概念，波卡能够实现水平扩展，即随着网络需求的增加，可以添加更多的平行链来处理交易。每个平行链都可以独立处理交易，从而提高整个网络的交易处理能力。与传统的区块链单链结构相比，波卡的多链架构能够更好地满足大规模应用的需求，避免了单链结构可能出现的性能瓶颈问题。在处理大规模的 DeFi 交易时，波卡可以通过增加平行链的方式，将交易分散到多个平行链上进行处理，从而提高交易处理速度和效率。

波卡基于其独特的跨链通信协议 XCMP 的原理实现了不同区块链间通信和互操作。XCMP 允许平行链之间相互发送和接收消息，这些消息可以包含交易数据、智能合约调用等信息。当一个平行链需要与另一个平行链进行交互时，它会将消息发送到中继链上，中继链会根据消息的目标地址将其转发到相应的平行链上。这种跨链通信机制使得不同区块链之间能够实现资产的跨链转移、数据的共享和智能合约的互操作。在资产跨链转移方面，用户可以将以太坊上的以太币通过跨链桥转换为波卡生态中的某种资产，然后在波卡的平行链上进行交易。在数据共享方面，不同平行链上的应用可以通过 XCMP 协议共享数据,实现更复杂的业务逻辑。在智能合约互操作方面,一个平行链上的智能合约可以调用另一个平行链上的智能合约,实现更强大的功能组合。

波卡实现区块链间互操作性具有重要意义。这促进了区块链生态系统的融合和发展。在波卡之前,不同的区块链往往是相互独立的,因此形成了一个个信息孤岛。而波卡通过实现跨链通信和互操作,使不同区块链之间能够相互协作,形成一个更加庞大和丰富的区块链生态系统,这有助于推动区块链技术在更多领域的应用和创新,促进区块链产业的整体发展。

波卡的互操作性为用户提供了更便捷的体验。用户不再需要在不同的区块链之间进行繁琐的转换和操作,而是可以在波卡生态中轻松地实现资产的跨链转移和应用的互联互通,从而提高了使用效率,降低了使用门槛,使更多的人能够受益于区块链技术。用户可以在波卡的一个平行链上进行数字货币交易,然后将资产无缝地转移到另一个平行链上进行其他应用的操作,无须担心不同区块链之间的兼容性问题。

此外,波卡的跨链互操作性也为开发者提供了更广阔的创新空间。开发者可以利用波卡的多链架构,将不同区块链的优势结合起来,开发出更具创新性和实用性的应用。他们可以将以太坊的智能合约优势与其他区块链的高性能优势相结合,打造出既具备强大功能又能高效运行的去中心化应用。这有助于推动区块链技术的创新和发展,为解决现实世界中的各种问题提供更多的解决方案。

9) 狗狗币(DOGE)

狗狗币(Dogecoin,DOGE)诞生于 2013 年 12 月,由软件工程师 Billy Markus 和 Jackson Palmer 基于比特币代码创建。它最初是作为一种带有玩笑性质的数字货币而推出的,旨在为加密货币市场带来轻松和娱乐的氛围。狗狗币的标志是一只柴犬,这个可爱的形象源自网络流行的 Doge 表情包,使得狗狗币具有极高的辨识度和趣味性。这种基于模因(Meme)的特性成为狗狗币独特的文化符号,吸引了大量年轻用户和加密货币爱好者的关注。狗狗币的出现不仅为数字货币市场增添了新的活力,也开创了一种全新的数字货币发展模式,即通过文化和社区的力量推动数字货币的传播和发展。

狗狗币基于模因的特点使其在传播过程中具有独特的优势。模因是指通过模仿和传播而在文化中迅速扩散的思想、行为或风格。狗狗币以其可爱的柴犬标志和轻松幽默的文化内涵迅速在互联网上引发了广泛的传播和讨论。它借助社交媒体平台,如 Twitter、Reddit 等,吸引了大量用户的关注和参与。许多用户被狗狗币的趣味性所吸引,主动在社交媒体上分享狗狗币的相关内容,形成了强大的口碑传播效应。在 Reddit 上,狗狗币拥有庞大的社区,用户在这里分享狗狗币的最新消息,讨论投资策略,还会发布各种与狗狗币相关的有趣的表情包和段子。这种基于模因的传播方式使狗狗币在短时间内获得了极高的知名度,并迅速在全球范围内积累了大量的用户群体。

狗狗币强大的社区支持是其发展的重要驱动力。狗狗币社区以其活跃、热情和富有创造力而闻名。社区成员不仅积极参与狗狗币的推广和宣传,还在实际应用场景拓展方面发挥了重要作用。在慈善领域,狗狗币社区发起了多个慈善项目,如为牙买加雪橇队筹集资金参加冬奥会,帮助解决肯尼亚的清洁水问题等。这些慈善活动不仅提升了狗狗币的社会形象,也增强了社区成员的凝聚力和归属感。在狗狗币社区的努力下,狗狗币逐渐在小费文化中得到广泛应用。在一些在线论坛和社交媒体平台上,用户会使用狗狗币作为对优质内容创作者的奖励,形成了一种独特的社交互动模式。这种社区驱动的发展模式使狗狗币在没有强大商业团队支持的情况下依然能够在数字货币市场中占据一席之地。

狗狗币的社区还在不断推动狗狗币的技术发展和创新。社区中的开发者积极参与狗狗币的代码维护和改进,不断提升狗狗币的性能和安全性。他们提出了许多创新性的想法和建议。例如:改进狗狗币的挖矿算法,以提高挖矿的公平性和效率;探索狗狗币在 DeFi 领域的应用,为用户提供更多的金融服务选择。社区成员还通过举办各种线上和线下活动,如狗狗币爱好者聚会、技术研讨会等,促进社区成员之间的交流与合作,为狗狗币的发展注入了源源不断的动力。

10) 柴犬币(SHIB)

柴犬币(Shiba Inu,SHIB)诞生于 2020 年 8 月,由开发者以 Ryoshi 的化名推出。它是一种基于以太坊区块链的去中心化加密货币,其诞生的初衷是作为狗狗币的竞争对手,在数字货币市场中占据一席之地。柴犬币以柴犬为主题,其标志是一只可爱的柴犬形象,与狗狗币的柴犬标志相似。这种独特的设计使其在众多数字货币中脱颖而出,吸引了大量数字货币爱好者的关注。

柴犬币的发展策略主要围绕社区建设和市场推广展开。它通过社交媒体平台进行广泛宣传,利用模因文化迅速传播,吸引了大量年轻用户和加密货币爱好者。在 Twitter、Reddit 等社交媒体上,柴犬币的相关话题热度持续攀升,用户积极分享柴犬币的信息和观点,形成了强大的口碑传播效应。在一次线上抽奖活动中,柴犬币社区吸引了数万名用户参与,大大提高了柴犬币的知名度和影响力。

柴犬币在市场表现上呈现出较大的波动。在 2021 年,柴犬币价格经历了一轮大幅上涨,引起了市场的广泛关注。这一次的价格上涨主要得益于市场炒作和社区的推动。然而,柴犬币价格的大幅上涨也引发了市场的担忧——其价格波动较大,风险较高。在市场情绪转向时,柴犬币价格可能会出现大幅下跌。在 2021 年下半年,随着市场对加密货币的监管趋严,柴犬币价格出现了大幅回调,许多投资者因此遭受了损失。

**3. 主流区块链数字货币对比分析**

1) 技术性能对比

不同数字货币的共识机制存在显著差异,且各有优劣。比特币采用 PoW 共识机制,通过节点进行复杂的数学运算来竞争记账权。这种机制的优点是完全去中心化,节点自由进出,安全性高。因为篡改区块链需要控制超过半数以上的节点,这在实际操作中几乎不可能实现。PoW 共识机制的缺点也很明显,它需要大量的计算资源和能源消耗,导致共识达成的时间较长,性能效率较低。据统计,比特币网络每年消耗的能源相当于一个中等大小国家的能源消耗总量,这不仅对环境造成了压力,也限制了比特币的交易处理能力。

以太坊最初也采用 PoW 共识机制,但随着网络的发展,该机制逐渐暴露出交易处理速度慢、能源消耗大等问题。为了解决这些问题,以太坊开始向 PoS 共识机制过渡。PoS 共识机制根据节点持有的数字货币数量和持有时间来分配记账权,持有数字货币数量越多,持有时间越长的节点,获得记账权的概率就越大。与 PoW 共识机制相比,PoS 共识机制不需要进行大量的计算,因此能源消耗较低,交易确认速度更快。PoS 共识机制也存在一些问题,如可能导致财富集中,持有大量数字货币的节点更容易获得记账权,从而影响区块链的去中心化程度。在 PoS 共识机制下,拥有大量以太坊的节点可能会长期占据记账权,使得其他节点的参与度降低,影响网络的公平性和去中心化特性。

索拉纳采用了 PoH 和 PoS 相结合的共识机制。PoH 共识机制是一种时间戳系统,能够在区块链网络中生成可验证的时间顺序,使得节点能够在本地验证交易的时间顺序,而无须与其他节点进行大量的通信,从而大大提高了交易处理速度。索拉纳还采用了塔图因数据可用性抽样技术,允许节点在不下载整个区块链数据的情况下验证交易的有效性,进一步提高了网络的效率。索拉纳在高并发情况下,能够快速处理大量交易,保持较低的交易费用和较快的交易确认速度,为大规模商业应用提供了可能。

在交易速度方面,不同数字货币的表现也各不相同。比特币的交易速度较慢,平均每秒只能处理7笔交易。这是由于比特币采用的PoW共识机制需要进行大量的计算,导致交易确认时间较长,大约需要10 min才能确认一笔交易。在比特币网络拥堵时,交易确认时间可能会更长,甚至需要几个小时。以太坊的交易速度相对较快,平均每秒可以处理15~45笔交易。然而,随着以太坊上的应用越来越多,网络拥堵问题越来越严重,交易速度和交易费用受到了较大影响。在以太坊网络繁忙时,交易确认时间可能会延长,交易费用也会大幅增加,这使得一些小额交易变得不划算。

相比之下,瑞波币和索拉纳在交易速度方面表现出色。瑞波币采用的瑞波共识算法能够实现近乎实时的跨境转账,交易可以在几秒钟内完成。这种快速的交易处理能力,使得瑞波币在跨境支付领域具有明显的优势,能够满足金融机构对跨境支付效率的要求。索拉纳凭借其创新的共识机制和技术架构,实现了高达65 000 TPS的吞吐量,交易速度极快。这使得索拉纳能够满足大规模商业应用的需求,在DeFi、游戏、电子商务等领域中,快速的交易处理速度是至关重要的。

可扩展性是衡量区块链数字货币性能的另一个重要指标,它关系到区块链能否满足大规模应用的需求。比特币的可扩展性较差,由于其采用的PoW共识机制和固定的区块大小限制,比特币的交易处理能力有限,难以应对大规模的交易需求。为了解决比特币的可扩展性问题,一些改进方案被提出,如隔离见证(SegWit)和闪电网络(Lightning Network)。隔离见证通过将交易签名从交易数据中分离出来,增加了区块的有效数据容量,从而提高了交易处理能力。闪电网络则是一种基于比特币区块链的第二层扩展解决方案,它通过建立支付通道,实现了链外的快速交易,大大提高了比特币的交易速度和可扩展性。这些方案虽然在一定程度上缓解了比特币的可扩展性问题,但仍无法从根本上突破比特币的性能瓶颈。

以太坊在可扩展性方面也面临挑战。为了解决以太坊的可扩展性问题,以太坊提出了分片(Sharding)技术。分片技术将区块链网络划分为多个分片,每个分片可以独立处理交易,从而提高了整个网络的交易处理能力。以太坊还在研究其他可扩展性解决方案,如状态通道(State Channels)和等离子体(Plasma)。这些技术的目标是在不牺牲区块链安全性和去中心化特性的前提下,提高以太坊的可扩展性。目前这些技术仍处于研究和开发阶段,尚未得到广泛应用。

波卡作为一个异构多链平台,在可扩展性方面具有独特的优势。波卡采用了中继链和平行链的架构设计,并通过引入平行链的概念,实现了水平扩展。每个平行链都可以独立处理交易,并且可以根据自身的需求定制不同的功能和应用场景。随着网络需求的增加,波卡可以添加更多的平行链来处理交易,从而提高整个网络的交易处理能力。波卡还支持不同类型的区块链连接到中继链上,实现了不同区块链之间的互操作性,进一步拓展了区块链的应用场景和可扩展性。在波卡生态中,不同的平行链可以专注于不同的领域,如金融、供应链管理、身份验证等,通过与中继链的连接,可以实现相互之间的通信和协作,形成一个更加庞大和丰富的区块链生态系统。

2) 应用场景对比

比特币作为最早诞生的区块链数字货币,其最初的设计目标是成为一种去中心化的电子现金系统,实现点对点的价值传输。在支付领域,比特币具有一定的应用。由于其去中心化和全球流通的特性,比特币可以实现跨境支付,无须通过传统的银行系统,降低了跨境支付的手续费和时间成本。在一些跨境电商交易中,买卖双方可以使用比特币进行支付,避免了传统支付方式中繁琐的手续和高昂的费用。比特币的交易速度较慢,且交易确认时间较长,使得比特币在日常小额支付场景中的应用受到一定限制。在一些对交易速度要求较高的场景,如超市购物、公交支付等,比特币的交易速度无法满足需求。

随着比特币的发展,其逐渐被赋予了价值存储和投资的功能。由于比特币具有类似于黄金的稀缺性,因此被一些投资者视为一种"数字黄金",用于资产配置和保值增值。许多机构投资者开始将比特币纳入其投资组合,以分散风险和获取潜在收益。灰度投资(Grayscale Investments)是一家专注于数字货币投资的机构,其管理的比特币信托基金吸引了大量投资者。比特币的价格波动较大,投资风险较高。

以太坊以其智能合约功能而闻名,为去中心化应用的开发提供了强大的平台。在 DeFi 领域,以太坊上涌现出了众多创新的应用,如借贷协议、去中心化交易所、稳定币等。Compound 是以太坊上的一个借贷协议,它允许用户存入和借出数字货币,并通过智能合约自动匹配借贷双方的需求,确定利率。用户可以将自己的数字货币存入 Compound 平台,获得利息收益;也可以从平台上借入数字货币,用于资金周转。Uniswap 是以太坊上的一个去中心化交易所,它采用自动做市商机制,实现了数字货币的自动交易,无须中心化的订单簿。用户可以在 Uniswap 上自由交易各种数字货币,享受去中心化、高效的交易体验。

在以太坊上,许多艺术家和创作者通过发行 NFT 来实现数字作品的所有权确认和交易。Beeple 的数字艺术品《Everydays:The First 5 000 Days》在以太坊上以 NFT 的形式拍卖,最终以 6 934 万美元的高价成交,创下了数字艺术品拍卖的纪录。以太坊还支持去 DAO 的创建和运营。DAO 是一种基于区块链技术的组织形式,其决策和运营通过智能合约实现,成员可以通过持有代币参与组织的决策和管理。例如,The DAO 是以太坊上最早的一个DAO项目,它旨在创建一个去中心化的风险投资基金,成员可以通过投票来决定资金的投资方向。

泰达币作为一种稳定币,主要应用于加密货币市场的交易媒介和价值存储。在加密货币交易中,由于比特币、以太币等数字货币价格波动较大,投资者在交易过程中面临较大的价格风险。泰达币价值相对稳定,为投资者提供了一种相对稳定的交易工具。投资者可以在市场波动时,将资产转换为泰达币,以保护其资产价值,待市场稳定后再进行其他投资操作。在不同的加密货币交易所之间进行交易时,泰达币可以作为一种通用的交易媒介,方便快捷地完成资产转移,避免了因不同交易所支持的法定货币不同而带来的不便。在DeFi领域,泰达币也被广泛用作抵押品和交易对,促进了借贷、交易等金融活动的开展。在一些DeFi借贷平台上,用户可以将泰达币作为抵押品,借入其他数字货币,以实现资金的灵活运用。

瑞波币专注于跨境支付领域,旨在解决传统金融体系中跨境支付效率低下、成本高昂的问题。与传统跨境支付方式相比,瑞波币具有明显的优势。瑞波币的跨境支付速度极快,可以实现近乎实时的转账,大大缩短了资金到账时间。传统跨境支付通常需要3~5个工作日才能完成,而瑞波币的交易可以在几秒钟内完成。瑞波币的交易手续费极低,通常只需几美分,相较于传统跨境支付的高额手续费,具有显著的成本优势。许多银行和金融机构已经开始采用瑞波的解决方案,以优化跨境支付流程,提高资金流动性。渣打银行与瑞波合作,利用瑞波币进行跨境支付,显著提高了支付效率,降低了成本。通过瑞波网络,渣打银行能够更快地完成跨境资金的转移,为客户提供更优质的服务。

波卡作为一个异构多链平台,致力于实现区块链之间的互联互通。其主要应用场景在于跨链通信和资产转移。在波卡生态中,不同的区块链可以通过平行链的形式连接到中继链上,实现相互之间的通信和协作。这使得不同区块链之间的资产可以实现自由转移,打破了区块链之间的孤岛,促进了区块链生态系统的融合和发展。用户可以将以太坊上的以太币通过跨链桥转换为波卡生态中的某种资产,然后在波卡的平行链上进行交易。这种跨链互操作性为用户提供了更便捷的体验,也为开发者提供了更广阔的创新空间。开发者可以利用波卡的多链架构,将不同区块链的优势结合起来,开发出更具创新性和实用性的应用。例如,将以太坊的智能合约优势与其他区块链的高性能优势相结合,打造出既具备强大功能又能高效运行的去中心化应用。

狗狗币以其独特的模因文化和强大的社区支持而受到关注。在实际应用中,狗狗币在小费文化中得到了广泛应用。在一些在线论坛和社交媒体平台上,用户会使用狗狗币作为对优质内容创作者的奖励,形成了一种独特的社交互动模式。在 Reddit 上,许多用户会给那些发布有趣或有价值内容的创作者打赏狗狗币,以表达对他们的作品的认可和感谢。狗狗币社区还积极参与慈善活动,发起了多个慈善项目,不仅提升了狗狗币的社会形象,也增强了社区成员的凝聚力和归属感。虽然狗狗币最初是作为一种带有玩笑性质的数字货币而推出的,但随着其社区的不断发展壮大,狗狗币在一些特定领域的应用也逐渐得到了拓展。

柴犬币在发展过程中积极探索实际应用场景。它与一些商家合作,实现了柴犬币在商品和服务支付中的应用。一些在线商家开始接受柴犬币作为支付方式,从而为用户提供了更多的支付选择。柴犬币还在去 DeFi 领域进行尝试,推出了一些基于柴犬币的 DeFi 应用,如借贷协议、去中心化交易所等。这些应用的推出旨在为柴犬币持有者提供更多的金融服务,提高柴犬币的实用性和价值。柴犬币在实际应用中仍面临一些挑战,如交易速度慢、交易费用高等问题,需要进一步改进和优化。由于柴犬币的市场价值主要基于社区的热情和市场炒作,缺乏实际的应用支撑,其价格容易受到市场情绪的影响,波动较大。

3)市场表现对比

不同数字货币的市值和价格波动呈现出显著差异。比特币作为市值最大的数字货币,长期占据数字货币市场的主导地位。截至2024年,比特币的市值高达数千亿美元,在整个数字货币市场中占据了相当大的份额。其价格波动也较为剧烈,历史上曾多次出现大幅上涨和下跌的情况。这种价格波动主要受到市场供求关系、投资者情绪、宏观经济环境以及监管政策等多种因素的影响。

以太币的市值在数字货币市场中排名第二,其价格也呈现出较大的波动性。以太币的价格波动不仅受到自身技术发展和应用推广的影响,还与整个数字货币市场的行情密切相关。

泰达币作为一种稳定币,其价格相对稳定,主要在1美元上下波动。这是因为泰达币采用了1∶1锚定美元的发行机制,每发行1枚USDT,Tether公司就声称在其银行账户中存入1美元作为储备金。这种机制使得泰达币的价值与美元挂钩,从而保持了相对稳定的价格。泰达币的市值也在不断增长,在稳定币市场中占据着重要地位。由于其价格稳定,泰达币在加密货币交易中被广泛用作交易媒介和价值存储工具。

市场接受度方面,比特币和以太坊在全球范围内拥有较好的用户基础和较高的认可度。比特币作为数字货币的鼻祖,其去中心化、匿名性和稀缺性等特性吸引了大量投资者和技术爱好者的关注。许多商家和机构开始接受将比特币作为支付方式,比特币的应用场景也在不断拓展。以太坊凭借其智能合约功能和丰富的应用生态,也获得了众多开发者和用户的青睐。以太坊上的去中心化应用涵盖了金融、游戏、社交等多个领域,为用户提供了多样化的服务和体验。许多知名的区块链项目和企业都基于以太坊平台进行开发和运营,进一步提升了以太坊的市场影响力。

瑞波币在金融机构中得到了一定程度的认可,许多银行和金融机构开始采用瑞波的解决方案,以优化跨境支付流程,提高资金流动性,使得瑞波币在跨境支付领域具有较高的市场接受度。然而,瑞波币也面临着一些法律挑战,如美国证券交易委员会(SEC)对比特币的监管调查对瑞波币的市场发展产生了一定的影响。

狗狗币和柴犬币则凭借其独特的模因文化和强大的社区支持,在年轻用户和加密货币爱好者中拥有较高的人气。狗狗币以其可爱的柴犬标志和轻松幽默的文化内涵,吸引了大量用户的关注和参与。狗狗币社区发起了多个慈善项目,这些项目不仅提升了狗狗币的社会形象,也增强了社区成员的凝聚力和归属感。柴犬币以狗狗币为竞争对手,通过社交媒体平台进行广泛宣传,利用模因文化迅速传播,吸引了大量年轻用户和加密货币爱好者。柴犬币社区还积极举办各种线上和线下活动,如抽奖、空投等,进一步增强了社区成员的参与感和归属感。

影响数字货币市场表现的因素众多,包括市场供求关系、投资者情绪、宏观经济环境、监管政策等。市场供求关系是影响数字货币价格的直接因素。当市场对某数字货币的需求增加,而供应量相对稳定或减少时,该数字货币的价格往往会上涨;反之,当市场需求减少,而供应量增加时,该数字货币的价格则可能下跌。在比特币的挖矿过程中,随着挖矿难度的增加,新比特币的产生速度逐渐减慢,而市场对比特币的需求却在不断增长,这导致了比特币价格的上涨。

投资者情绪对数字货币市场表现产生重要影响。数字货币市场具有较高的不确定性和风险性,投资者情绪容易受到各种因素的影响,如市场传闻、媒体报道、社交媒体讨论等。当投资者情绪乐观时,他们往往会增加对数字货币的投资,推动数字货币的价格上涨;而当投资者情绪恐慌时,他们可能会抛售数字货币,导致数字货币的价格下跌。在2021年,一些知名的加密货币投资者和社交媒体名人对狗狗币进行推荐，吸引了大量资金涌入，推动了狗狗币价格的飙升。随后，市场对狗狗币的炒作热度逐渐降温，投资者情绪转向，狗狗币价格大幅下跌。

宏观经济环境的变化对数字货币市场产生影响。在全球经济不稳定、通货膨胀压力较大的情况下，一些投资者可能会将资金转向数字货币，以寻求资产保值和增值。在2020年全球疫情暴发后，许多国家实行宽松的货币政策，导致货币供应量增加，通货膨胀预期上升。在这种情况下，比特币等数字货币作为一种具有稀缺性和去中心化特性的资产，受到了投资者的青睐，比特币价格大幅上涨。

监管政策是影响数字货币市场表现的重要因素之一。由于数字货币市场的快速发展和其潜在的金融风险，各国政府对数字货币的监管态度逐渐加强。监管政策的变化可能会对数字货币的发行、交易、流通等环节产生影响，从而影响其市场表现。一些国家禁止数字货币的交易，或者对数字货币交易征收高额税收，这会导致数字货币市场的交易量下降，价格下跌。而另一些国家则对数字货币持开放态度，积极推动数字货币的发展和应用，这会促进数字货币市场的繁荣。

4）风险特征对比

不同数字货币面临的技术风险各有不同。比特币采用PoW共识机制，虽然保证了网络的安全性，但能源消耗巨大，且随着挖矿难度的增加，新节点参与成本的上升，可能导致网络中心化程度逐渐提高。以太坊在智能合约应用中曾出现过智能合约漏洞问题，如The DAO事件，黑客利用智能合约漏洞窃取了大量以太币，导致以太坊硬分叉。这表明智能合约的安全性是以太坊面临的重要技术风险，智能合约代码的复杂性和漏洞可能被攻击者利用，造成用户资产损失。

索拉纳在技术上虽然实现了高吞吐量和低延迟，但也面临一些挑战。

其 PoH 和 PoS 相结合的共识机制相对较新,在实际应用中可能存在一些尚未被发现的问题。索拉纳网络也曾出现过多次短暂的网络中断事件,影响了其稳定性和可靠性。这些事件引发了市场对索拉纳技术稳定性的担忧,也提醒投资者在选择数字货币时,需要关注其技术的成熟度和稳定性。

市场风险方面,数字货币市场的价格波动普遍较大。比特币作为市场的风向标,其价格波动对整个数字货币市场产生着深远影响。比特币价格受到市场供求、投资者情绪、宏观经济环境以及监管政策等多种因素的影响。当市场对数字货币的需求增加,投资者情绪乐观时,比特币价格往往会上涨;而当投资者出现恐慌情绪,或者监管政策趋严时,比特币价格则可能下跌。在 2021 年,比特币价格一度突破 6 万美元,但随后在市场调整和监管政策的影响下,比特币价格大幅回调。

以太币的价格波动较为剧烈,除了受到市场整体行情的影响外,还与以太坊自身的技术发展和应用推广密切相关。随着以太坊在 DeFi 和 NFT 等领域的应用不断拓展,其价值也得到了进一步提升。当以太坊上的 DeFi 项目和 NFT 市场火爆时,投资者对以太坊的需求增加,推动了以太币价格的上涨。以太币的价格也受到市场竞争和技术挑战的影响。如果其他区块链平台在技术性能或应用场景方面取得突破,可能会对以太币的市场份额和价格产生一定的冲击。

狗狗币和柴犬币由于其价格波动主要受市场炒作和社区情绪影响,缺乏实际的应用支撑,价格波动更为剧烈。狗狗币在 2021 年因马斯克等名人的推荐价格大幅上涨,但随后又迅速回落。柴犬币的价格同样在 2021 年经历了大幅波动,其价格的上涨主要得益于市场炒作和社区的推动。由于缺乏实际的应用支撑,这些数字货币的价格容易受到市场情绪的影响,投资者在投资时需要谨慎评估风险。

监管风险是数字货币面临的重要风险之一。比特币在全球范围内受到的监管政策各不相同。一些国家和地区对比特币持开放态度,将其视为一种合法的投资资产或支付工具。例如,日本承认比特币等数字货币的合法地位,并对数字货币交易进行规范和监管,促进了数字货币市场在日本的发展。而另一些国家则对比特币采取了严格的监管措施,甚至禁止比特币的交易。例如,中国在 2017 年禁止了数字货币的 ICO 和虚拟货币交易,对数字货币市场产生了较大的冲击。监管政策的不确定性使得比特币的交易和投资面临一定的风险。

以太坊由于其在 DeFi 和 NFT 等领域的广泛应用,也受到了监管部门的关注。DeFi 应用涉及金融交易和资产转移,可能存在金融风险和合规问题。NFT 市场也面临着版权、欺诈等方面的问题。监管部门可能会出台相关政策对以太坊上的应用进行规范和监管,这可能会对以太坊的发展产生一定的影响。

泰达币作为一种与美元挂钩的稳定币,其储备金的透明度和合规性一直备受质疑。尽管 Tether 公司声称泰达币与美元 1∶1 挂钩,但其储备金的具体构成及审计情况披露有限,引发了市场对其是否真正拥有足额美元支撑的怀疑。一些批评者认为,Tether 公司可能存在超发泰达币的情况,从而影响市场的稳定。全球范围内对稳定币监管趋严的趋势,也给泰达币的发展带来了不确定性。未来可能出现的更严格的审计要求、资本充足率规定等,都可能对泰达币的发行和运营产生影响。

针对这些风险,我们可以采取相应的防范措施。在技术风险防范方面,开发者应加强对区块链技术的研究和改进,提高数字货币系统的安全性和稳定性;定期进行智能合约审计,及时发现和修复漏洞,防止黑客攻击;采用多种安全技术,如加密算法、多重签名等,保障用户资产安全。在市场风险防范方面,投资者应加强风险意识,合理配置资产,避免过度投资;关注市场动态,及时调整投资策略;通过分散投资不同类型的数字货币,降低单一数字货币价格波动带来的风险。在监管风险防范方面,数字货币项目方应积极与监管部门沟通,遵守相关法律法规,确保项目的合规运营;投资者应关注监管政策的变化,及时调整投资决策;对于泰达币等稳定币,监管部门应加强对其储备金的审计和监管,提高透明度,保障市场的稳定;各国政府应加强国际合作,协调监管政策,共同应对数字货币带来的监管挑战。

## 1.1.3 比特币与数字货币的关联

(1) 比特币在数字货币中的地位

比特币作为首个诞生的数字货币,具有开创性的历史地位。2009年,比特币的出现标志着数字货币时代的开端,它为后续众多数字货币的发展奠定了基础,提供了技术范式和理念蓝本。从技术层面看,比特币的区块链技术是数字货币的核心支撑,其去中心化、分布式账本、加密算法等技术特点成为其他数字货币借鉴和改进的重要源泉。许多后来的数字货币在比特币的技术基础上进行创新。例如:以太坊引入智能合约,拓展了区块链的应用场景;莱特币改进了挖矿算法,提高了交易速度。

从市场认可度层面看,比特币占据着数字货币市场的主导地位,其市值长期在数字货币总市值中占据较大比例。截至2024年12月,比特币市值占比在数字货币市场中名列前茅。大量的投资者、机构和企业将比特币视为数字货币的代表,对其进行投资和应用。许多数字货币交易平台以比特币作为主要交易对,比特币的价格波动也常常影响着整个数字货币市场的行情走势。比特币被广泛认为是一种价值存储工具,被誉为"数字黄金",在全球范围内拥有庞大的用户群体和交易网络。

（2）比特币与其他数字货币的共性与差异

比特币与其他数字货币存在诸多共性。在技术原理上，它们大多基于区块链技术，通过去中心化的分布式账本记录交易信息，运用加密算法确保交易的安全性和隐私性。在发行机制方面，许多数字货币都采用了类似比特币的挖矿或共识机制来发行新币，控制货币总量。在应用场景方面，比特币与其他数字货币都可用于支付、投资、跨境转账等领域，为用户提供了一种新型的价值交换和存储方式。

然而，比特币与其他数字货币也存在显著差异。在技术原理上，虽然都基于区块链，但不同数字货币的共识机制、加密算法等存在差异。比特币采用 PoW 共识机制，而以太坊计划逐步转向 PoS 共识机制，这使得它们在能源消耗、交易速度和安全性等方面表现不同。在发行机制上，比特币的总量固定为 2 100 万枚，且挖矿奖励每 4 年减半；而其他数字货币的总量设定和发行速度各不相同，如瑞波币在发行时就一次性发行了 1 000 亿枚。在应用场景上，比特币主要侧重于价值存储和支付；而以太坊凭借智能合约技术，在 DeFi、非同质化代币（NFT）等领域有广泛应用；瑞波币则专注于跨境支付领域，旨在提高跨境支付的效率和降低成本。在市场表现上，比特币的价格波动相对较大，市值占比高，对市场的影响力大；而其他数字货币的价格波动和市场表现则各不相同，一些新兴数字货币的价格可能更加不稳定，市场认可度和流动性也相对较低。

（3）比特币对数字货币发展的影响

比特币在技术创新方面为数字货币发展提供了重要的引领作用。其区块链技术的应用激发了全球范围内对区块链技术的研究和开发热潮，推动了数字货币技术的不断创新和完善。许多研究机构和开发者在比特币的基础上，不断探索新的共识机制、加密算法、智能合约技术等，以提高数字货币的性能和安全性。例如，闪电网络技术的出现旨在解决比特币交易速度慢的问题,通过链外交易实现快速支付,提高了比特币的可扩展性。

比特币的成功提高了市场对数字货币的认知度和接受度。它作为数字货币的代表,吸引了大量投资者、媒体和公众的关注,使得数字货币逐渐被大众所熟知。越来越多的人开始了解和参与数字货币市场,为其他数字货币的发展创造了良好的市场环境。许多机构投资者也开始涉足数字货币领域,将比特币等数字货币纳入投资组合,这进一步推动了数字货币市场的发展。

比特币的发展促使各国政府和监管机构开始关注数字货币领域,推动了相关监管政策的出台。比特币的去中心化和匿名性等特性,给金融监管带来了新的挑战。为了应对这些挑战,各国政府纷纷制定相关的监管政策和法规,规范数字货币市场的发展。这些监管政策的出台,虽然在一定程度上限制了数字货币的发展,但也为数字货币市场的健康、有序发展提供了保障。

## 1.2 区块链技术

比特币系统依靠区块链技术来实现。区块链是存储交易信息的数据库,且向全网公开无法篡改。区块链这一名称主要源于其数据结构本身的特性。其数据结构是按照时间的顺序将数据串联起来,这种存储方式使存储在区块链上的数据方便追溯。区块链上存储的数据由全网节点共同维护,所以区块链数据具有防篡改性。

区块链的定义出自比特币白皮书,但由于其应用的行业范围广阔,区块链的定义并没有得到统一的认可和表述。在《中国区块链技术和应用发展白皮书》中,区块链被描述为多种技术的综合应用模式,这些技术包括点对点(P2P)网络、分布式存储、加密、共识等。袁勇等人将广义的区块链技术表述为实现数据公开、透明、可追溯的产品架构设计方法;狭义的区块链技术表述为按照时间顺序以链条方式进行链接的一种数据存储方式。区块链技术的去中心化、不可篡改、可追溯、共识机制等特性,为解决传统模式中信任缺失、数据安全、流程繁琐等问题提供了新的思路和解决方案。

## 1.2.1 区块链技术架构

区块链的分层架构一般可细分为6层,从最底层往上依次是数据层、网络层、共识层、激励层、合约层和应用层。每一层都有独特且关键的功能,各层相互协作、紧密配合,就像精密运转的机械部件,共同构建起完整且强大的区块链体系。区块链技术架构如图1.1所示。

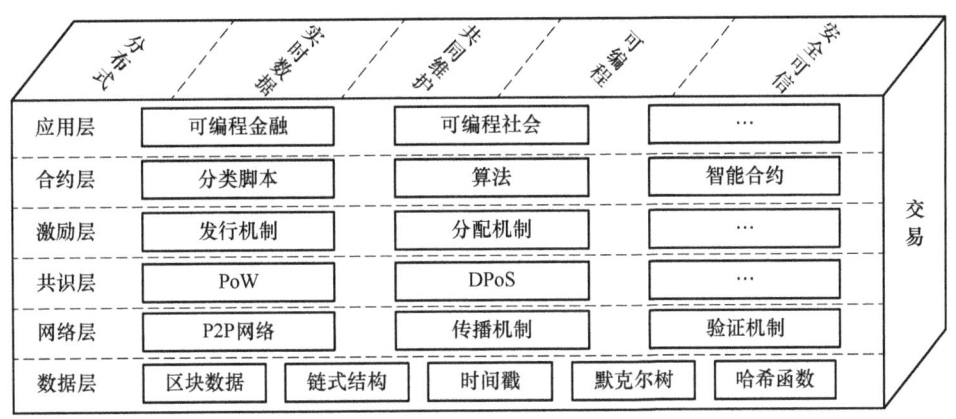

图1.1 区块链技术架构图

**1. 数据层**

数据层处于区块链最底层的基础位置,是整个区块链系统数据存储与管理的核心。它集成了众多关键技术,主要有区块、链式结构、默克尔树(Merkle Tree)树、哈希函数、数字签名等。其中,区块是区块链存储数据的基本单元,每个区块都收纳特定时间范围内产生的交易数据,同时关联前一个区块唯一的哈希值。这一设计既保障了数据的连贯性,又能通过哈希值追溯数据的变更。链式结构将各个区块按时间先后顺序紧密连接,构成区块链最基本的形态,让数据的流转与演进清晰可辨。默克尔树在验证交易数据完整性方面发挥核心作用,其通过将多个交易数据的哈希值进行层层组合、归纳,最终生成一个根哈希值,并存储于区块头中。这样,只验证根哈希值,就能快速确认整个交易数据集合的完整性,大幅提高验证效率。哈希函数凭借独特算法,能精确计算出数据的哈希值,且该哈希值具有唯一性和不可篡改特性,如同数据的专属"指纹"。数据一旦发生任何细微变动,哈希值将随即改变,从而确保数据的真实性和安全性。数字签名是保障交易真实性和合法性的重要防线,其利用公私钥加密技术,确保交易发起者和接收者的身份安全,防止交易被伪造或篡改,使每一笔交易均可追溯、真实可靠。

**2. 网络层**

网络层承担着区块链节点之间通信与数据传输的关键任务,是区块链系统实现信息交互的桥梁。它主要依托 P2P 网络技术。该技术赋予每个节点平等的通信地位,使其无须借助中心服务器就能直接与其他节点进行高效通信,实现节点之间的自动组网和数据的快速传播。在 P2P 网络中,节点之间的连接如同一张错综复杂的网络,每个节点既是数据的接收者,也是数据的传播者。网络层还设计了数据传播机制和数据验证机制,以确保节点之间的数据一致性和安全性。例如,当一个节点成功产生新的区块或交易数据时,会迅速通过网络层将这些数据以广播的形式传播给其他节点,其他节点在接收到数据后,依据既定的验证规则对其进行严格验证,从数据格式的合规性到交易内容的合法性,再到数据完整性的校验,全方位确保数据质量,只有通过验证的数据才会被节点接受并进一步传播,从而保证整个区块链网络的数据一致性和安全性。

**3. 共识层**

共识层作为区块链的核心层之一,肩负着解决分布式系统中节点之间数据一致性这一关键难题的重任。在区块链网络这一庞大的分布式环境中,节点分布广泛,地理位置跨度大,网络环境复杂多变,随时可能遭遇节点故障、数据丢失、恶意攻击等各种棘手状况。因此,必须要有一种高效、可靠的共识机制来协调所有节点,确保它们对数据达成一致认可。目前,常见的共识机制丰富多样,包括 PoW、PoS、DPoS、实用拜占庭容错算法(PBFT)等。这些不同的共识机制各具特色,适用于不同的应用场景,同时也有各自独特的优缺点。以比特币采用的 PoW 共识机制为例,它通过让节点进行复杂的数学运算来竞争记账权。这种方式在安全性方面表现卓越,能有效抵御恶意攻击,但也存在能耗巨大、交易处理速度缓慢的弊端。在能源日益珍贵和交易需求日益增长的当下,这些缺点逐渐凸显。而以太坊则在积极探索并逐步向 PoS 共识机制过渡。PoS 共识机制根据节点持有的权益数量来分配记账权,相较于 PoW 共识机制,其在能耗方面表现更为出色,交易处理速度也得到显著提升,能更好地满足现代区块链应用对高效性的需求。

**4. 激励层**

激励层的主要使命是激励节点积极参与区块链网络的维护和稳定运行。在区块链网络中,节点参与记账和验证交易,且必须投入可观的计算资源、存储资源和网络资源,这无疑需要付出一定成本。为充分调动节点的积极性,使其主动投身于区块链网络的建设与维护中,区块链系统设置了一系列激励机制。以比特币系统为例,矿工需凭借强大的计算能力,全力解决复杂的数学问题,才有机会获得记账权。一旦成功记账,不仅可收获一定数量的比特币作为丰厚奖励,还能额外获得交易手续费。这种激励机制就像一把"金钥匙",开启了节点参与区块链网络维护的热情之门,使节点在追求自身利益的同时,也为区块链系统的正常运转贡献力量,确保区块链系统始终保持活力和稳定性。

### 5. 合约层

合约层的核心功能是实现智能合约的高效运行。智能合约本质上是一种能够自动执行的合约，其独特之处在于，合约条款以代码形式精准存储在区块链上。当满足预设的特定条件时，合约无须人工干预便会自动触发执行。智能合约的实现深度依赖于区块链的去中心化特性和不可篡改特性，这两大特性为合约执行的公正性和可靠性提供了坚实保障。去中心化特性使合约的执行不受任何单一中心机构的控制，避免了人为操控的风险；不可篡改特性确保合约条款一旦记录在区块链上就无法被恶意篡改，保证了合约执行过程和结果的真实性和可信度。合约层还配备了各种丰富的脚本语言和先进算法，为开发者编写和执行智能合约提供有力工具。例如，以太坊的智能合约采用 Solidity 语言编写，这种语言具有简洁明了、功能强大的特点，开发者可充分发挥其优势，根据不同的应用需求，灵活编写智能合约，实现诸如数字货币发行、去中心化应用开发等丰富多彩的应用场景，极大地拓展了区块链的应用边界。

### 6. 应用层

应用层是区块链与用户直接交互的关键界面，为用户呈现丰富多彩的应用场景和便捷高效的服务。应用层充分依托区块链的底层技术，将区块链的强大功能转化为实际可用的应用，涵盖数字货币钱包、去中心化交易所、供应链管理平台、医疗数据共享平台等多种类型。用户通过应用层可轻松使用区块链提供的各类服务，满足自身多样化的业务需求。例如：用户可借助数字货币钱包，安全便捷地进行数字货币的存储和交易，随时随地掌控自己的数字资产；使用去中心化交易所，实现数字货币的公平买卖，摆脱传统中心化交易所的诸多限制；利用供应链管理平台，便捷查询商品的溯源信息，从生产源头到销售终端，全程追踪商品的流转轨迹，使消费更加透明、放心。

## 1.2.2 区块链技术核心原理

(1) 去中心化的分布式账本

分布式账本是区块链技术的核心概念之一,它摒弃了传统中心化系统中依赖单一中心机构维护数据的模式,转而将数据分散存储在网络中的多个节点上。在区块链网络里,每个节点都拥有一份完整或部分的账本副本,这些节点通过特定的网络协议和共识机制进行数据交互和同步,共同维护账本的一致性和准确性。

以比特币区块链为例,全球范围内有众多的比特币节点,它们分布在不同的地理位置和网络环境中。这些节点无须依赖任何中心化的服务器或管理机构,各自独立地存储和维护比特币交易账本。当一笔新的比特币交易产生时,该交易信息会被广播到整个网络中的各个节点。每个节点都会对交易进行验证,并在验证通过后,将交易记录添加到自己的账本副本中。通过这种方式,所有节点的账本副本在不断地交互和同步过程中,最终保持一致,确保了比特币交易数据的去中心化存储和可靠性。

分布式账本实现去中心化存储的关键在于其独特的数据结构和网络拓扑。区块链采用链式结构,将数据按时间顺序打包成一个个区块,每个区块包含了前一区块的哈希值,形成了一个不可篡改的链条。在网络拓扑上,区块链网络通常采用对等网络(P2P)结构,节点之间直接进行通信,没有中心节点的控制,使得数据的存储和管理更加分散和自主。

在数据一致性方面,区块链通过共识机制来达成。共识机制是区块链网络中节点之间就账本状态达成一致的规则和算法。例如,比特币采用的PoW共识机制,节点(矿工)通过进行复杂的数学运算(挖矿)来竞争记账权,率先完成计算的节点将获得记账权,并将新区块广播到网络中。其他节点在验证新区块的合法性后,将其添加到自己的账本中。这种方式确保了在去中心化的环境下,所有节点的账本能够保持一致,从而防止数据被恶意篡改或伪造。

(2)加密算法保障数据安全

加密算法是区块链技术保障数据安全和隐私的基石,在区块链中发挥着至关重要的作用,主要包括哈希算法和非对称加密算法等。

哈希算法是一种将任意长度的数据映射为固定长度哈希值的单向函数。在区块链中,哈希算法被广泛应用于数据完整性验证和区块链接。例如,比特币区块链使用 SHA-256 哈希算法,即每个区块的头部包含了该区块所有交易数据的哈希值以及前一个区块的哈希值。当区块中的任何数据发生变化时,其对应的哈希值也会发生显著改变。通过这种方式,哈希算法确保了区块链数据的完整性和不可篡改性。如果攻击者试图篡改某个区块中的交易数据,那么该区块的哈希值将会改变,且与后续区块中记录的前一区块哈希值不匹配,从而保证了区块链的安全性。

非对称加密算法使用一对密钥,即公钥和私钥。公钥是公开的,用于加密数据或验证数字签名;私钥是保密的,用于解密数据或生成数字签名。在区块链中,非对称加密算法主要用于身份验证和交易签名。例如,在以太坊区块链中,用户拥有自己的公钥和私钥对。当用户发起一笔交易时,使用私钥对交易信息进行签名,将签名后的交易广播到网络中。其他节点在交易时使用用户的公钥来验证签名的有效性。如果签名验证通过,说明交易是由私钥持有者授权发起的,从而确保了交易的真实性和不可抵赖性。同时,非对称加密算法也保护了用户的隐私,因为只有拥有私钥的用户才能对加密数据进行解密,其他人无法获取交易的具体内容。

此外,数字签名技术也是基于非对称加密算法实现的。数字签名是对交易数据的一种加密表示,它将交易内容与私钥进行结合,生成唯一的签名。这个签名可以被任何人使用公钥进行验证,以确认交易的来源和完整性。在区块链中,数字签名确保了每一笔交易的真实性和不可篡改,降低了交易被伪造或篡改的风险。

(3) 共识机制达成节点共识

共识机制是区块链网络中节点之间就账本状态达成一致的关键机制,它决定了哪个节点有权将新的交易记录添加到区块链中,并确保所有节点的账本副本保持一致。不同的区块链项目采用了多种不同的共识机制,各有其特点和适用场景。

PoW 是最早被应用于比特币区块链的共识机制。在 PoW 共识机制中,节点(矿工)需要通过进行复杂的数学计算(如哈希运算)来竞争记账权。这个过程需要消耗大量的计算资源和能源,因为只有率先计算出满足特定条件哈希值的节点才能获得记账权,并将新区块广播到网络中。其他节点在验证新区块的合法性后,将其添加到自己的账本中。PoW 共识机制的优点是安全性高,因为攻击者若要篡改区块链数据则需要拥有超过全网 51% 的算力,这在实际中是非常困难且成本极高的。然而,PoW 共识机制也存在明显的缺点,如能源消耗巨大、交易处理速度慢等。以比特币为例,其平均 10 min 才能产生一个新区块,每秒的交易处理能力有限,无法满足大规模商业应用的需求。

PoS 是为了解决 PoW 共识机制的能源消耗问题而提出的一种共识机制。在 PoS 共识机制中,节点的记账权不再取决于计算能力,而是根据节点持有的代币数量和持有时长来决定的。持有的代币数量越多,持有时间越长的节点,获得记账权的概率就越高。当一个节点被选中记账时,它需要对新区块进行验证和签名,然后将其广播到网络中。PoS 共识机制的优点是能源消耗低,交易处理速度相对较快。因为该机制不需要进行大量的计算,减少了能源浪费,同时出块时间也可以缩短。然而,PoS共识机制也存在一些问题,例如,可能导致"富者越富"的情况,即持有大量代币的节点更容易获得记账权和奖励,进一步巩固其优势地位,而且在安全性方面,PoS共识机制相对PoW共识机制略逊一筹,因为攻击者有可能通过积累大量代币来控制网络。

除了PoW和PoS,还有其他一些共识机制,如DPoS、PBFT等。DPoS共识机制通过选举代表节点来进行记账,减少了参与记账的节点数量,提高了交易处理效率,其适用于对性能要求较高的应用场景。PBFT共识机制则主要用于联盟链和私有链,它具有较高的容错性和交易处理速度,能够在存在恶意节点的情况下,快速达成共识,保证系统的正常运行。但需要预先知道参与节点的身份信息,不适用于完全去中心化的公有链场景。

(4)智能合约实现自动化执行

智能合约是一种基于区块链技术的计算机协议,它以代码的形式定义了合约的条款和条件,并且能够在满足预设条件时自动执行。智能合约的概念最早由计算机科学家尼克·萨博(Nick Szabo)在20世纪90年代提出。随着区块链技术的发展,智能合约得以在实际应用中实现。

智能合约的工作原理基于区块链的去中心化和不可篡改特性。合约代码被部署到区块链上,存储在分布式账本中,所有节点都可以访问和验证合约代码。当满足触发智能合约的条件时,合约会自动执行相应的操作,无须人工干预。例如,在一个基于区块链的供应链金融场景中,供应商与采购商之间可以签订智能合约。合约中规定,当采购商确认收到货物后,系统将自动触发支付操作,将货款支付给供应商。在这个过程中,货物的交付信息通过物联网设备等方式记录在区块链上。当满足收货确认条件时,智能合约将自动执行支付功能。整个过程透明、高效,减少了人为因素的干扰和信任风险。

智能合约的实现需要特定的编程语言和开发环境。以以太坊为例,它提供了 Solidity 等编程语言来编写智能合约。Solidity 语言具有类似于 JavaScript 的语法结构,便于开发者学习和使用。开发者使用 Solidity 编写智能合约代码后,通过编译器将代码编译成字节码,然后将字节码部署到以太坊区块链上。在以太坊虚拟机的支持下,智能合约代码可以在区块链上运行,实现各种复杂的业务逻辑。

智能合约的应用场景非常广泛,涵盖了金融、供应链、物联网、医疗等多个领域。在金融领域,智能合约可以用于自动化的金融交易,如股票交易、债券发行、贷款协议等。在供应链管理中,智能合约可以实现货物的追踪和溯源,以及供应链各环节的自动结算。在物联网场景中,智能合约可以用于设备之间的交互和控制,实现设备的自动化管理和数据共享。在医疗领域,智能合约可以用于医疗数据的安全共享和访问控制,以及医疗保险的自动理赔等。

## 1.2.3 区块链技术特性

**1. 不可篡改**

区块链的不可篡改特性是其最为重要的特性之一,这一特性从根本上保障了数据的完整性和可靠性。在区块链中,数据一旦被写入区块并添加到区块链上就极难被篡改。这主要通过以下 3 个关键机制实现:

(1) 分布式存储

区块链采用分布式账本技术,数据并非存储在单一的中心服务器上,而是分散存储在网络中的众多节点上。每个节点都保存了完整或部分的区块链数据副本。例如,在比特币区块链网络中,全球范围内存在着大量的比特币节点,这些节点分布在不同的地理位置和网络环境中,各自独立地存储着比特币交易账本。这种分布式存储方式使得篡改数据变得异常困难,因为攻击者若要篡改数据,就需要同时篡改网络中绝大多数节点上的数据,而在实际情况中,控制如此多的节点几乎是不可能实现的。

(2) 哈希算法

哈希算法在区块链的不可篡改特性中起着核心作用。区块链中的每个区块都包含了前一个区块的哈希值,以及本区块内所有交易数据的哈希值。哈希算法是一种单向函数,它能够将任意长度的数据转换为固定长度的哈希值,而且只要输入数据发生任何微小的变化,输出的哈希值就会截然不同。例如,比特币区块链使用 SHA-256 哈希算法,当一个区块中的交易数据发生改变时,该区块的哈希值也会随之改变。同时,由于每个区块的哈希值都包含了前一个区块的哈希值,形成了一条链式结构。因此,一旦某个区块的哈希值被改变,后续所有区块的哈希值都会受到影响,从而导致整个区块链的一致性被破坏。其他节点在验证区块链时,通过比对哈希值就能轻易地发现数据是否被篡改。

(3) 共识机制

共识机制是区块链网络中节点之间达成一致的规则和算法。在区块链中,只有通过共识机制被大多数节点认可的区块才能被添加到区块链上。例如,比特币采用的 PoW 共识机制,节点(矿工)需要通过进行大量复杂的数学计算(挖矿)来竞争记账权,率先完成计算的节点将获得记账权,并将新区块广播到网络中。其他节点在验证新区块的合法性时,会检查该区块是否符合共识机制,包括哈希值是否满足难度要求,交易是否有效等。如果一个节点试图篡改区块链数据,那么它所生成的新区块将无法通过其他节点的验证,从而无法被添加到区块链上。这种基于共识机制的验证方式确保了区块链数据的一致性和不可篡改性。

**2. 透明性**

区块链的透明性体现在交易信息的公开可见以及整个系统运行规则的公开透明。在区块链网络中，除了交易双方的某些敏感信息（如私钥等）被加密处理外，其他的所有交易记录和数据都是公开的，任何人都可以通过区块链浏览器等工具查看区块链上的交易信息和数据。

以比特币区块链为例，用户可以通过比特币区块链浏览器，输入交易哈希值或地址，查看该地址的所有交易记录，包括交易金额、交易时间、交易双方地址等信息。这种透明性使得区块链上的交易过程和数据完全暴露在公众视野之下，具有极高的可追溯性和可验证性。任何一个节点都可以对区块链上的交易进行验证，从而确保交易的真实性和合法性，防止欺诈和篡改行为的发生。

透明性对于建立信任机制具有重要作用。在传统的中心化系统中，用户往往需要依赖第三方机构来保证交易的安全和可信。然而，第三方机构可能存在信息不透明、操作不规范等问题，导致用户对其信任度降低。而在区块链系统中，由于交易信息的公开透明，每个参与者都能够实时了解交易的状态和数据，无须依赖第三方信任，大大降低了信任成本。例如，在供应链金融领域，通过区块链技术，供应链上的各个环节的交易信息都被记录在区块链上，供应商、制造商、物流商、金融机构等各方都可以实时查看货物的运输状态、交易记录等信息，确保了交易的真实性和可靠性，增加了各方之间的信任，促进了供应链金融业务的高效开展。

**3. 匿名性**

区块链的匿名性是指在区块链网络中，参与者的身份信息与交易信息是相互分离的，交易对手无须通过公开身份的方式来建立信任。在区块链系统中，用户通过生成一对公钥和私钥来参与交易。公钥相当于用户的公开地址，用于接收交易和验证数字签名；私钥则由用户自行保管，用于对交易进行签名,以证明交易的真实性和所有权。

在交易过程中,区块链上记录的是交易双方的公钥地址,而不是真实身份信息。例如,在比特币交易中,用户只需要知道对方的比特币地址,就可以向其发送比特币,而无须了解对方的真实姓名、身份、联系方式等信息。这种匿名性保护了用户的隐私,降低了个人信息被泄露的风险。同时,由于区块链网络中节点之间的数据交互遵循固定的算法和协议,程序规则会自行判断交易活动是否有效,因此,交易双方无须担心对方的身份问题,能够在无须信任对方身份的情况下进行安全的交易。

匿名性在一些应用场景中具有显著优势。例如,在数字货币交易中,用户可以在保护自身隐私的前提下,自由地进行资金的转移和交易,避免了因身份信息暴露而可能带来的安全风险和隐私泄露问题。在一些需要保护用户隐私的投票系统、数据共享平台等应用中,区块链的匿名性也能够确保用户数据的安全性,使得用户能够更加放心地参与相关活动。

### 4. 自治性

区块链的自治性是指区块链系统能够在没有中心化机构干预的情况下,依靠自身的共识机制、加密算法和智能合约等技术,实现自我管理、自我运行和自我维护。在区块链网络中,所有节点都遵循共同的规则和协议,这些规则和协议以代码的形式被写入区块链系统中,形成了一套自动化的运行机制。

以比特币区块链为例,比特币网络中的节点通过 PoW 共识机制来竞争记账权,每个节点都按照相同的规则进行挖矿操作,无须任何中心化机构的调度和管理。当一个节点成功挖到新区块后,其他节点会根据共识机制对该区块进行验证,验证通过后将其添加到自己的账本中。整个过程完全由节点之间的协作和竞争完成,没有任何中心化的控制机构。

区块链的自治性还体现在智能合约的自动执行上。智能合约是一种基于区块链技术的自动执行合约,它将合约的条款和条件以代码的形式编写在区块链上。当满足预设的条件时,智能合约会自动触发执行,无须人工干预。例如,在一个基于区块链的保险理赔场景中,当被保险人的出险情况满足智能合约中设定的理赔条件时,智能合约会自动将理赔金额支付给被保险人,整个过程无须保险公司人工审核和处理,大大提高了理赔效率和公正性。

自治性使得区块链系统具有较高的可靠性和稳定性。由于没有中心化机构的存在,避免了因中心化机构的故障、恶意操作或决策失误等问题对系统造成的影响。同时,区块链系统的自治性也降低了运营成本和管理复杂度,使系统能够更加高效地运行。在一些需要去中心化、自主运行的应用场景中,如分布式能源交易、DeFi等领域,区块链的自治性能够充分发挥其优势,推动相关业务的创新和发展。

## 1.3 区块链技术面临的挑战

### 1.3.1 技术性能瓶颈

区块链技术在实际应用中面临着诸多技术性能瓶颈,这些瓶颈限制了其大规模应用和推广。在处理速度方面,传统区块链网络的交易处理能力相对较低。以比特币区块链为例,其平均每 10 min 才能产生一个新区块,每秒只能处理约 7 笔交易,以太坊区块链每秒也仅能处理约 30 笔交易。这与传统金融系统每秒数千笔甚至数万笔的交易处理能力相比差距巨大。在面对大规模商业应用场景时,如电商平台的海量交易、金融机构的高频交易等,现有的区块链处理速度难以满足实时性要求,将导致交易拥堵和延迟,严重影响用户体验和业务效率。

区块链技术的存储容量面临挑战。区块链采用分布式账本技术,每个节点都需要存储完整或部分的账本数据。随着区块链网络的发展和交易数据的不断增加,账本数据的规模呈指数级增长。例如,比特币区块链的数据量已经数百吉字节,并且还在持续增长。这对于节点的存储设备要求极高,不仅增加了硬件成本,还可能导致节点因存储容量不足而无法正常运行。同时,大量数据的存储和传输也会消耗大量的网络带宽资源,进一步影响区块链网络的性能。

此外,区块链技术的扩展性较差。在现有区块链架构下,当网络中的节点数量增加时,系统的性能会受到严重影响。因为每个节点都需要参与共识过程,验证交易和区块的合法性,这使得系统的处理能力难以随着节点数量的增加而线性扩展。在实际应用中,很难通过简单增加节点数量来提升区块链网络的整体性能,因此,限制了区块链技术在大规模分布式系统中的应用。

## 1.3.2 安全隐患

区块链技术虽然具有一定的安全性,但在底层代码、密码算法等方面仍存在安全隐患。区块链项目(尤其是公有链)通常是开源的,开放源代码可以提高项目的可信性,吸引更多开发者参与,但也使得攻击者更容易找到系统的漏洞。2016年,以太坊众筹项目The DAO因智能合约代码存在重大缺陷,被黑客攻击,导致价值6 000万美元的以太币被盗,震惊了整个区块链行业。黑客利用代码漏洞,通过递归调用智能合约,实现了对资金的非法转移,这充分暴露了区块链底层代码安全的重要性。

随着量子计算技术的发展和商业化,现有的加密算法面临被破解的风险。区块链主要依赖公钥加密算法(如椭圆曲线公匙加密算法)生成数字签名来确保交易的安全性,但目前常用的 ECDSA、RSA、DSA 等算法在理论上都无法承受量子攻击。一旦量子计算机技术成熟,攻击者便可能利用量子计算机强大的计算能力,在短时间内破解区块链中的加密算法,从而篡改交易数据、窃取用户资产,对区块链系统的安全性造成毁灭性打击。

共识机制也存在安全问题。以 PoW 共识机制为例,它面临着 51% 攻击问题。也就是说,当一个攻击者拥有超过全网 51% 的算力时,就可以控制区块链网络,篡改交易记录、进行双重花费等恶意操作。虽然在实际中要获得如此庞大的算力成本极高,但随着区块链应用价值的提升,攻击者的潜在收益也会增加,从而可能引发更大规模的攻击风险。PoS 共识机制中,攻击者需要持有超过 51% 的代币量才能攻击成功。虽然难度相对较高,但也并非完全不可能。PBFT 共识机制要求恶意节点小于总节点的三分之一时系统才能处于安全状态,因此,在实际应用中需要对节点进行严格的管理和监控,以防止恶意节点的破坏。

## 1.3.3 法律法规存在局限

目前,区块链技术相关的法律法规尚不完善,这对区块链行业的健康发展产生了诸多不利影响。智能合约的法律效力在许多国家和地区尚未得到明确界定。智能合约是区块链应用的核心组成部分,它以代码的形式定义了合约条款,并自动执行。然而,由于智能合约的数字化和自动化特性,其在执行过程中可能出现与传统法律规定不一致的情况。当智能合约出现纠纷时,如何依据现有法律进行裁决缺乏明确的法律依据。这使得企业和用户在使用智能合约时存在顾虑,担心一旦出现问题,无法通过法律途径维护自身权益,从而限制了智能合约在商业领域的广泛应用。

加密资产的法律地位存在较大争议。不同国家和地区对加密资产的监管态度和政策差异较大。一些国家将比特币、以太币等加密货币视为合法的金融资产,允许其在一定范围内进行交易和流通;而另一些国家则对加密货币采取严格限制甚至禁止的政策,认为其存在金融风险、洗钱风险等。这种监管的不确定性使得加密资产市场波动剧烈,投资者面临较大的风险。同时,对于从事加密资产相关业务的企业和机构来说,难以确定自身的合规边界,从而增加了运营成本和法律风险。

区块链技术的去中心化和跨国界特性给跨境监管带来了巨大挑战。区块链交易不受地域限制,交易信息在全球范围内传播,传统的监管方式难以对其进行有效监管。不同国家和地区的法律体系和监管标准存在差异,导致在跨境区块链交易中容易出现法律冲突和监管空白。当发生跨境区块链诈骗、洗钱等违法犯罪行为时,很难确定管辖权和适用法律,各国监管机构之间的协调与合作也面临诸多困难,这为不法分子利用区块链技术进行违法活动提供了可乘之机。

## 1.4 本章小结

本章主要介绍数字货币和区块链技术的基础知识,具体包括数字货币的发展历程和主流的数字货币,区块链技术架构、原理和技术特性,以及区块链技术面临的挑战。

# 第 2 章
# 区块链数字货币系统中的数据隐私与安全

本章通过介绍区块链数据层的数据结构和区块链网络,分析区块链数字货币的数据隐私攻击和数据安全保护。

## 2.1 区块链数据结构与关键技术

数据区块是区块链的基本构成元素,现有的主流区块链平台在逻辑数据结构的具体实现细节上虽略有差异,但整体架构和要素基本相同。本节以比特币数据区块结构进行描述。比特币系统中的每个数据区块主要由区块头和区块体两部分构成,其中区块头记录当前区块的元数据,而区块体则存储封装到该区块的实际交易数据。

### 2.1.1 区块头

区块头是区块链各区块的关键组成部分,其作为精密的信息枢纽,涵盖了一系列至关重要的元数据。这些元数据在区块链运行中发挥多方面的关键作用:精确标识区块,赋予每个区块独一无二的身份;通过特定链接方式串联区块链,形成稳固有序的链式结构;验证交易数据的真实性与完整性;深度参与共识机制,保障区块链网络各节点对数据状态的一致性认可。通常而言,区块头大小是固定的。以比特币区块链为例,其区块头大小设定为 80 B,虽字节长度固定,但容纳了丰富关键的信息。接下来将详细阐述区块头的各个组成部分。

(1) 版本号

版本号字段占用 4 B,虽空间有限,但职责重大。其用于明确标识区块版本信息,详细记录创建该区块时采用的区块链协议版本。随着区块链技术迅猛发展与持续改进,区块链协议不断升级,或引入全新功能。例如:优化交易处理效率,大幅缩短交易确认时间;提升性能,确保高并发交易场景下稳定运行;修复安全漏洞,保障区块链网络安全稳定,防范黑客攻击与数据泄露等安全事件。版本号如同不同版本节点之间的沟通桥梁,通过版本号,节点能迅速识别区块遵循的协议版本,确保不同版本节点间顺畅通信与交互。例如,区块链协议升级时,新生成的区块采用新的版本号,节点接收区块时,首先依据版本号判断自身能否理解和处理该区块内容。若节点运行旧版本号,而接收的区块版本号高于其支持的版本,则节点可能及时提示用户升级软件以获取最新功能和安全保障,或直接拒绝处理该区块,避免因版本不兼容导致数据处理错误,从而保障区块链网络的一致性和稳定性。

(2) 前一个区块的哈希值

前一个区块的哈希值字段占用 32 B,是一条无形且坚韧的纽带,存储着当前区块前一个区块的哈希值。该哈希值如同精准指针,紧密连接当前区块与前一个区块,构建起区块链独特的链式结构。如此一来,区块链中每个区块都包含前一个区块的关键信息,使整个区块链具备不可篡改和可追溯特性。从技术原理看,攻击者篡改某个区块内容难度极大,不仅需修改该区块本身,还需连锁式修改后续所有区块的哈希值,因为后续区块的哈希值紧密依赖前一个区块的哈希值。实际操作中,修改大量区块的哈希值几乎不可能,因为这需要投入巨大的计算资源,如高性能服务器和大量运算时间成本,且即便修改成功,修改后的哈希值也会与其他节点保存的哈希值不一致,从而被其他节点迅速察觉并拒绝。例如,比特币区块链中,每个区块的前一个区块哈希值都是通过对上一个区块的所有数据进行复杂哈希计算得到的,这种严谨的链式结构有力地保障了比特币交易记录的安全性和完整性,使比特币的交易历史得以可靠保存和追溯。

(3) 默克尔根

默克尔根字段占用 32 B,是通过对区块体中所有交易数据进行精妙哈希计算生成的哈希值。其主要作用是验证交易数据的完整性和一致性,且其原理基于默克尔树(Merkle Tree)这一独特的数据结构。默克尔树是一种二叉树,每个叶节点对应一个交易的哈希值,非叶节点是其两个子节点哈希值的组合哈希值。通过层层递进的计算方式,从叶节点到根节点的哈希计算过程形成了严密的层级结构,最终得到的根节点哈希值,即为默克尔根。具体计算默克尔根的过程如下:首先,将每个交易数据转换为对应的哈希值,作为默克尔树的叶节点;然后,将相邻的两个叶节点哈希值进行组合(通常是拼接),并对组合后的结果进行哈希计算,得到的新哈希值作为上一层的节点;最后,重复此过程,直至最终生成唯一的根节点哈希值,即默克尔根。例如,假设有 4 个交易 $A$、$B$、$C$、$D$,首先计算它们的哈希值 $H(A)$、$H(B)$、$H(C)$、$H(D)$,然后将 $H(A)$ 和 $H(B)$ 组合计算得到 $H(H(A)+H(B))$,$H(C)$ 和 $H(D)$ 组合计算得到 $H(H(C)+H(D))$,最后将 $H(H(A)+H(B))$ 和 $H(H(C)+H(D))$ 组合计算得到默克尔根 $H(H(H(A)+H(B))+H(H(C)+H(D)))$。在区块链运行体系中,节点只需验证默克尔根的正确性,便可间接验证区块中所有交易数据的完整性。若某个交易数据被篡改,则其对应的哈希值会发生变化,进而导致默克尔根的计算结果改变,被其他节点检测到,从而保障了区块链中交易数据的可信度。

(4) 时间戳

时间戳字段占用 4 B,其精确记录了区块创建的时间(精确到秒)。时间戳为区块链中的数据赋予了清晰的时间顺序,使区块链中的各个区块能按时间先后顺序有序排列。这对确保交易的顺序性和数据的时效性至关重要。在交易场景中,时间戳能明确交易的先后顺序,避免交易冲突和纠纷;在数据应用中,时间戳能保证数据的及时性和有效性,为各种业务决策提供准确的时间依据。在区块链中,时间戳不仅用于记录区块的创建时间,还在共识机制、智能合约执行等关键环节发挥不可或缺的作用。例如,在工作量证明(PoW)共识机制中,时间戳用于计算挖矿难度和验证区块的有效性。根据区块链的设计规则,新区块的生成时间应在一定的合理范围内,时间戳能帮助节点判断新区块是否符合时间要求。若一个区块的时间戳与当前时间相差过大,则节点可能认为该区块无效并拒绝接受。此外,时间戳还可用于解决智能合约中的时间相关问题,如合约的生效时间、到期时间等。通过时间戳,智能合约可准确判断当前时间是否满足预设条件,从而自动执行相应操作,实现业务流程的自动化和智能化。

(5) 难度目标

难度目标字段占用 4 B,其用于精确控制区块链的挖矿难度。在基于 PoW 共识机制的区块链中,挖矿是指节点通过进行复杂的数学计算来尝试找到一个满足特定条件的哈希值,该条件即为哈希值要小于当前的难度目标。难度目标的设定旨在保证区块链的区块生成速度保持相对稳定。例如,比特币的设计目标是每 10 min 左右生成一个新区块,此时间间隔是经过精心设计和考量的,既能保障区块链的稳定性,又能满足一定的交易处理效率。若全网的算力增加,则挖矿难度会相应提高,找到符合条件的哈希值将变得更加困难;反之,若全网算力下降,则挖矿难度会降低。以此保证区块生成速度不会过快或过慢,并维持在相对稳定的水平。难度目标通常会根据一定规则进行调整,例如,比特币每2016个区块(大约每两周)会根据前2016个区块的实际生成时间来调整难度目标。若前2016个区块的生成时间小于10 min×2016,则说明全网算力增加,挖矿难度将提高;若生成时间大于10 min×2016,则说明全网算力下降,挖矿难度将降低。通过这种动态调整难度目标的机制,区块链能够适应不同的算力环境,保持稳定运行,确保整个区块链网络的健康和可持续发展。

(6) 随机数

随机数字段占用4 B,是挖矿过程中用于寻找满足难度目标的哈希值的关键参数。挖矿时,节点会不断尝试不同的随机数,将其与区块头的其他信息(如版本号、前一个区块的哈希值、默克尔根、时间戳、难度目标等)一起进行哈希计算,直至找到一个哈希值小于当前难度目标的结果。由于哈希计算的结果具有随机性,因此,需要不断尝试不同的随机数来增加找到符合条件的哈希值的概率。这个过程也被称为"哈希碰撞",因为节点需要在大量的哈希值中找到一个满足特定条件的哈希值。例如,在比特币挖矿中,矿工们会使用专业的挖矿设备不断调整随机数,进行哈希计算。当某个矿工找到一个符合难度目标的哈希值时,便可以获得该区块的记账权,并可将新区块添加到区块链上,同时获得相应的奖励(如比特币奖励和交易手续费),这种奖励机制激励着矿工们积极参与区块链的维护和发展。

## 2.1.2 区块体

区块体是区块链中存储实际交易数据的关键部分,紧跟在区块头之后,包含了该区块所涵盖的所有交易信息。区块体的结构和内容对区块链的功能实现和应用场景影响深远,接下来将对其进行详细解析。

### 1. 交易数据存储方式

在区块链中,交易数据通常以列表的形式存储在区块体中,每个交易包含一系列信息,如交易的发起者、接收者、交易金额、交易时间、交易签名等。这些信息按照一定的数据格式进行组织和存储,以便节点进行高效处理和验证。不同的区块链项目可能采用不同的数据格式来存储交易数据,但通常都会遵循一些基本的原则,如数据的完整性、准确性、可读性和可扩展性。例如,比特币的交易数据采用基于脚本的格式,其中包含输入脚本和输出脚本,输入脚本用于验证交易的合法性,输出脚本用于指定交易的接收者和金额。以太坊的交易数据则采用更为复杂的格式,除了基本的交易信息,还包含智能合约的调用信息、燃料(Gas)费用等,以满足其丰富多样的智能合约应用场景。为提高数据的存储效率和传输速度,交易数据在存储和传输过程中通常会进行序列化处理。序列化是将数据对象转换为字节流的过程,常见的序列化算法有 JSON、Protocol Buffers、CBOR 等。例如,在比特币中,交易数据采用自定义的比特币脚本序列化格式,这种格式能够有效减少数据的存储空间,同时保证数据的完整性和可解析性。在以太坊中,交易数据使用 RLP(Recursive Length Prefix)序列化算法。其是一种简单而高效的序列化算法,特别适合处理嵌套的数据结构,且能够灵活应对以太坊复杂的交易数据格式。

### 2. 交易类型

在区块链中,交易类型丰富多样,不同类型的交易具有各自独特的特点和应用场景,可以满足各种复杂的业务需求。以下是一些常见的交易类型及其详细分析。

(1) 生产交易

生产交易是区块链中一种特殊的交易类型,主要用于生成新的资产或权益。在数字货币领域,如比特币的挖矿过程,矿工通过解决复杂数学问题获得记账权,成功记账后会生成新的比特币,这是典型的生产交易。此类交易不仅为区块链网络提供了新的货币供应,还激励着矿工积极参与区块链的维护和运行,保障区块链网络的稳定和安全。在其他应用场景中,生产交易也可用于生成新的数字资产,如在一些去中心化的游戏中,玩家通过完成特定任务或达成一定条件来获得系统生成的游戏道具或虚拟货币。这些生成过程通过生产交易记录在区块链上,确保了资产的真实性和唯一性。

(2)通用地址交易

通用地址交易是常见的交易类型之一,其广泛应用于各种区块链应用中,主要用于实现不同地址之间的资产转移,类似于传统金融体系中的转账操作。在比特币和以太坊等区块链平台上,用户可通过通用地址交易将数字货币从自己的钱包地址发送到其他用户的地址。这种交易类型简单直接,易于理解和操作,其应用场景涵盖日常的支付、交易、资金往来等多个方面,为用户提供了便捷的资产转移方式。例如,在电子商务中,通过通用地址交易,消费者可使用数字货币向商家支付货款;在个人之间的资金往来中,用户可通过通用地址交易进行转账汇款。

(3)合成地址交易

合成地址交易是一种较为复杂的交易类型,涉及多个地址和多种操作的组合。为实现特定的业务逻辑或功能,在一些区块链项目中会使用合成地址交易。例如,在去中心化金融(DeFi)应用中,合成地址交易可用于实现借贷、交易、流动性挖矿等复杂的金融操作。通过将多个地址的资产进行组合和调配,用户可在一个交易中完成多个步骤的操作,这提高了交易效率和灵活性。然而,合成地址交易的复杂性也带来一定风险。因为其涉及多个环节和多个地址的交互,若其中某个环节出现问题,则可能导致交易失败或资产损失。因此,在使用合成地址交易时,用户需要仔细了解交易细节和风险,并采取相应的安全措施。

(4) 合约创建交易

在支持智能合约的区块链平台(如以太坊)中,合约创建交易是用于部署和创建智能合约的重要交易类型。开发者通过编写智能合约代码,并使用合约创建交易,将代码部署到区块链上。一旦合约创建成功,其他用户即可通过调用该合约来实现各种功能,如自动化的金融交易、数字资产的管理、去中心化应用的运行等。合约创建交易需要消耗一定的计算资源和燃料费用,因为部署智能合约需要在区块链网络上进行复杂的计算和存储操作。此外,合约创建交易还需要严格的安全验证,以确保智能合约代码的正确性和安全性。

(5) 合约调用交易

合约调用交易是在智能合约创建之后,用户与智能合约进行交互的主要方式。通过合约调用交易,用户可触发智能合约中预设的逻辑和功能,实现各种业务操作。例如:在一个去中心化的投票应用中,用户可通过合约调用交易参与投票,智能合约会根据预设规则验证用户的投票资格,并记录投票结果;在一个去中心化的金融借贷平台上,用户可通过合约调用交易申请借款、还款、查询借贷记录等。合约调用交易的执行过程需遵循智能合约的代码逻辑和规则,并且会产生相应的状态变化和数据更新,这些变化和更新都会记录在区块链上,以保证交易的透明性和可追溯性。

## 2.2 区块链网络与关键机制

区块链网络层是区块链技术体系中的关键组成部分,它主要负责实现区块链节点之间的通信、数据传输与验证,以构建一个分布式的网络环境,确保区块链系统中各个节点能够协同工作,共同维护区块链账本的一致性和完整性。

在分布式网络构建方面,区块链网络层采用 P2P 技术将众多节点连接成一个去中心化的网络。在这个网络中,每个节点都具有平等的地位,既可以作为数据的传播者,也可以作为数据的接收者,不存在中心化的控制节点。这种分布式网络结构使得区块链系统具备高度的容错性和抗攻击性,单个节点出现故障或被攻击不会影响整个网络的正常运行。节点之间通过特定的协议和算法进行连接和通信,形成了复杂的网络拓扑结构。例如:比特币网络采用了混合式 P2P 网络模型,其中包含了多个超级节点和大量普通节点,超级节点之间形成分布式网络,普通节点则与超级节点建立连接,这种结构既保证了网络的扩展性,又提高了数据传播的效率。

数据传播是网络层的重要功能之一。当一个节点产生新的交易或区块数据时,需要通过网络层将这些数据快速传播到其他节点。区块链网络层采用了多种数据传播机制,如广播、洪泛等。以广播机制为例,当一个节点有新的数据需要传播时,它会将数据发送给与之直接相连的邻居节点,邻居节点在接收到数据后,会继续将其转发给自己的邻居节点,依次类推,数据就会像涟漪一样在整个网络中传播开来。为了确保数据能够高效、准确地传播,网络层还会对数据进行一定的处理和优化,如对数据进行压缩、加密,以减少数据传输量和保证数据的安全性。

数据验证是网络层不可或缺的功能。在区块链网络中,每个节点接收到其他节点传播过来的数据后,都需要对数据的有效性进行验证。这包括对交易数据的格式、签名、合法性等方面的验证,以及对区块数据的工作量证明、时间戳、默克尔树等进行验证。只有通过验证的数据才能被节点接受并存储到本地账本中,否则数据将被丢弃。数据验证机制有效地防止了数据被恶意传播和篡改,保证了区块链账本的真实性和可靠性。例如:在比特币网络中,节点在验证交易数据时,会检查交易的输入和输出是否合法,签名是否有效,以及交易是否符合比特币的共识机制等;在验证区块数据时,会验证区块的工作量证明是否满足难度要求,时间戳是否合理,默克尔树是否正确等。

### 2.2.1　P2P 组网机制

在区块链网络中,节点之间的通信和协作是实现区块链功能的基础,而 P2P 组网机制则是构建这种分布式网络的关键技术。通过 P2P 组网,区块链网络能够实现去中心化、高可靠性和可扩展性,确保各个节点之间的高效通信和数据共享。

**1. P2P 网络模型**

随着技术的发展不断演进,P2P 网络模型主要包括集中式、纯分布式、混合式和结构化 4 种类型,每种模型都有其独特的特点和适用场景。

(1) 集中式 P2P 网络模型

集中式 P2P 网络模型是 P2P 技术发展早期的一种简单模式。这种模型中存在一个中心节点,它如同网络的核心枢纽,保存着其他所有节点的索引信息,这些索引信息涵盖了节点的 IP 地址、端口以及节点所拥有的资源等关键数据。节点之间的资源查找和共享都依赖于这个中心节点。例如,在早期的文件共享应用中,用户需要连接到中心服务器,查询所需文件所在的节点信息,然后再与对应的节点建立连接,进行文件传输。这种模型的优点是结构简单,易于实现和管理,资源查找效率较高,因为中心节点可以快速定位资源所在的节点。然而,它的缺点也十分明显,整个网络的性能瓶颈和单点故障点往往集中在中心节点上。随着节点数量的不断增加,中心节点需要处理和存储大量的索引信息,其负载会急剧上升,可能导致响应速度变慢甚至系统崩溃。一旦中心节点出现故障,整个网络将无法正常运行,所有节点之间的通信和资源共享都会受到严重影响。

(2) 纯分布式 P2P 网络模型

纯分布式 P2P 网络模型则完全摒弃了中心节点,追求更加去中心化的网络结构。在这种模型中,新加入的节点与网络中已有的某个节点随机建立连接通道,众多节点之间通过这种随机连接逐渐形成一个随机拓扑结构。新节点加入时可能先随机选择一个已经存在的节点并建立邻居关系,然后通过全网广播的方式让整个网络知晓其存在。具体的广播过程是:新节点首先向与之建立连接的邻居节点广播自己的信息,邻居节点收到广播消息后,再继续向自己的其他邻居节点广播,如此层层传递,最终实现信息在整个网络中的传播。例如,在一些早期的分布式文件共享网络中,节点之间的连接和文件查找都是基于这种随机的方式进行的。这种模型的优势在于不存在单点故障问题,网络具有较好的可扩展性,因为每个节点都处于平等地位,没有中心节点的限制,理论上可以容纳大量的节点。但是,它也存在明显的缺点。由于网络结构的随机性和缺乏有效的组织,这种方式在资源搜索方面效率较低。当一个节点需要查找特定资源时,通常采用洪泛搜索的方式,即向所有邻居节点发送查询请求,邻居节点再继续转发。这种方式会导致大量的网络流量,容易引发网络拥塞,而且随着网络规模的增大,搜索效率会急剧下降。

(3) 混合式 P2P 网络模型

混合式 P2P 网络模型结合了集中式和纯分布式 P2P 网络模型的特点,旨在平衡网络的性能和可扩展性。在这种模型中,网络中存在多个超级节点,这些超级节点之间形成分布式网络,它们承担着部分网络管理和路由的功能。而每个超级节点又与多个普通节点组成局部的集中式网络,普通节点主要负责数据的存储和传输等基本任务。一个新的普通节点加入网络时,首先选择一个超级节点进行通信,该超级节点会向其推送其他超级节点的列表,新的普通节点根据这些超级节点的状态,如负载情况、网络延迟等,选择其中某个超级节点作为父节点,以建立更稳定的连接关系。例如,在比特币网络的发展过程中,逐渐形成了类似混合式的结构,一些具有较高性能和稳定性的节点充当超级节点,负责处理大量的交易信息和与其他节点的通信协调,而众多普通节点则围绕超级节点进行数据同步和交易验证。这种模型的优点是在一定程度上避免了大规模泛洪带来的网络问题,因为泛洪广播主要发生在超级节点之间,而普通节点与超级节点之间的通信相对集中和有序,从而提高了网络的整体效率和稳定性。同时,这种模型也具备较好的可扩展性,能够适应不同规模的网络需求。

(4)结构化 P2P 网络模型

结构化 P2P 网络模型是一种更为高级和有序的网络结构。与纯分布式 P2P 网络模型不同,它通过特定的算法和规则将所有节点按照某种结构进行有序组织,常见的结构包括环状网络、树状网络等。在具体实现上,结构化 P2P 网络模型普遍基于分布式哈希表(DHT)算法,如 Chord、Pastry、CAN、Kademlia 等算法。这些算法通过对节点和资源进行哈希计算,将它们映射到一个特定的空间中,并按照一定的规则组织起来,使得节点之间的路由和资源查找更加高效和准确。以 Kademlia 算法为例,它将网络中的节点组织成一个基于异或距离度量的二叉树结构,每个节点都有唯一的标识符(ID),且通过计算节点 ID 之间的异或距离来确定节点之间的远近关系,从而实现快速地路由查找。以太坊网络就将 Kademlia 算法作为其节点发现协议的一部分,有效地提高了节点之间的通信效率和网络的可扩展性。结构化 P2P 网络模型的优点是能够提供高效的资源定位和路由功能,网络的可扩展性和稳定性都较好,因为节点之间的连接和数据传输都有明确的规则和结构。然而,它的实现相对复杂,对节点的计算能力和网络带宽要求较高,并且在面对网络动态变化时,如节点的频繁加入和退出,维护网络结构的稳定性可能会面临一定的挑战。

**2. 典型区块链的 P2P 组网实例**

比特币作为区块链技术的首个成功应用,其 P2P 组网方式具有代表性。比特币网络采用了基于 TCP 协议的 P2P 网络架构,主网默认通信端口为 8333。在节点发现方面,比特币网络主要通过两种方式实现。一是使用 DNS-seed(DNS 种子节点),比特币社区的维护者会维护一些域名,如 seed.bitcoin.sipa.be,这些域名对应着多个 IPv4 主机地址。新节点通过查询这些域名,可以获取到一系列比特币节点的 IP 地址,从而与网络中的其他节点建立连接。例如,当一个新的比特币节点启动时,它可以通过 nslookup 命令查询 DNS 种子节点的域名,获取到相应的 IP 地址列表,然后尝试连接这些地址上的节点。二是在代码中硬编码了一些种子节点地址,当 DNS 种子节点全部失效时,新节点可以尝试连接这些硬编码的种子节点,以确保能够接入网络。在数据传播方面,比特币网络采用了类似泛洪的机制。当一个节点产生新的交易或区块时,它会将这些数据广播给与之直接相连的邻居节点,邻居节点在接收到数据后,会继续将其转发给自己的邻居节点,依次类推,数据就会在整个网络中传播开来。为了防止数据的重复传播和循环传播,比特币网络采用了一些简单的机制,如每个节点会记录已经接收到的数据,对于重复的数据不再进行转发;同时,在数据传播过程中会设置一定的生存时间(TTL),当数据的传播次数达到 TTL 值时,数据将不再被转发。比特币网络的 P2P 组网方式具有较高的可靠性和去中心化程度,能够在全球范围内实现节点之间的通信和数据共享,确保比特币系统的稳定运行。然而,随着比特币网络规模的不断扩大,这种组网方式也面临着一些挑战,如网络拥塞、数据传播效率低下等。

以太坊作为一个重要的区块链平台,其 P2P 组网方式在继承比特币的基础上进行了一些创新和改进。以太坊的 P2P 网络提供了 UDP 和 TCP 两种连接方式,主网默认 TCP 通信端口为 30303,推荐的 UDP 发现端口为 30301。在节点发现机制上,以太坊采用了 Kademlia 算法(这是一种基于分布式哈希表的算法)。每个以太坊节点都有唯一的 160 位 ID,通过计算节点 ID 之间的异或距离来确定节点之间的远近关系。节点会维护一个路由表,即 K-bucket,K-bucket 按照与目标节点距离的不同进行分组,每个 K-bucket 中存储着一定数量(以太坊中每个 K-bucket 包含 16 个节点)的距离相近的节点信息。当一个节点需要查找另一个节点或资源时,它会根据目标节点的 ID,从路由表中选择距离最近的节点进行查询,被查询的节点再根据自己的路由表,选择更接近目标的节点进行回复,如此递归,直到找到目标节点或资源。例如:当节点 A 需要查找节点 B 时,它会首先在自己的 K-bucket 中找到距离节点 B 的 ID 最近的节点 C,然后向节点 C 发送查询请求;节点 C 根据自己的路由表,找到距离节点 B 更近的节点 D,并将节点 D 的信息回复给节点 A;节点 A 再向节点 D 发送查询请求;依此类推,直到找到节点 B。在数据传播方面,以太坊采用了类似的广播机制,但通过 Kademlia 算法的路由表可以更高效地选择数据传播的路径,减少数据传播的冗余和延迟。以太坊的 P2P 组网方式使得网络在节点发现和数据传播方面更加高效且可扩展性提高,能够更好地支持智能合约等复杂应用的运行。然而,它也面临着一些安全和隐私方面的挑战,如节点信息的泄露、网络攻击等。

## 2.2.2 数据传播机制

在区块链网络中,数据传播机制是确保交易和区块信息能够在各个节点之间快速、准确传递的关键技术,它直接影响着区块链系统的性能和一致性。高效的数据传播机制能够使新产生的交易和区块及时被全网节点知晓,从而保证区块链账本的实时更新和一致性。

**1. 泛洪机制及其问题**

泛洪机制是区块链网络中一种常见的数据传播方式,其原理基于简单而直接的信息扩散策略。当一个节点产生新的数据,如一笔新的交易或者一个新的区块时,它会将这些数据广播给与其直接相连的所有邻居节点。这些邻居节点在接收到数据后会立即进行两个操作:一是将数据存储到自己的本地账本中(前提是数据通过验证);二是将数据继续转发给它们各自的邻居节点。而这些邻居节点又会重复上述过程,如此循环,数据就像水波一样在整个网络中扩散开来,最终传播到区块链网络中的每一个节点。

以比特币网络为例,当一个矿工成功挖到一个新的区块时,他会将这个区块的信息广播给与其直接连接的其他节点。这些节点收到区块后,会首先验证区块的合法性,包括检查区块的哈希值、工作量证明、交易的有效性等。如果区块通过验证,那么节点会将其添加到自己的本地区块链账本中,并将区块信息转发给与自己相连的其他节点。这样,新的区块就会在比特币网络中迅速传播,使得所有节点的区块链账本能够保持一致。

然而,泛洪机制虽然简单直接,但在实际应用中存在一些严重的问题。其中最突出的是循环问题和风暴问题。

(1) 循环问题

循环问题是指在数据传播过程中,由于网络拓扑结构的复杂性和节点之间的相互连接,数据可能会在某些节点之间形成循环传播。例如,节点 A 将数据发送给节点 B,节点 B 又将数据转发给节点 C,而节点 C 可能由于网络连接的冗余性,又将数据发送回了节点 A。这样就形成了一个数据传播的循环,导致数据在这个循环中不断重复传播,不仅浪费了大量的网络带宽资源,还可能导致节点的处理能力被无效数据占用,影响节点对其他有效数据的处理。为了避免循环问题,通常会采用一些技术手段,如为每个传播的数据设置唯一的 ID。节点在接收到数据时,首先检查该数据的 ID 是否已经被接收过。如果该数据的 ID 被接收过,则丢弃该数据,不再进行转发;或者为数据设置 TTL,每次数据被转发时,TTL 值减 1,当 TTL 值为 0 时,数据不再被转发,从而防止数据在网络中无限循环传播。

(2) 风暴问题

风暴问题,也称为广播风暴,是指当一个节点请求的数据被大量节点所拥有时,这些节点可能会同时向请求节点发送响应数据,导致请求节点瞬间接收到大量的数据,并超出其处理能力,从而使节点陷入瘫痪状态。例如,在一个热门的区块链应用中,当某个节点请求查询一笔十分常见的交易时,由于很多节点都存储了这笔交易的数据,这些节点可能会在短时间内同时向请求节点发送响应,导致请求节点的网络带宽被瞬间占满,无法正常处理其他数据请求,甚至可能导致节点死机。为了解决风暴问题,可以采用一些优化策略。例如:在数据链路层进行网络分段,将大规模的网络划分为多个子网,减少数据在全网范围内的广播,只在子网内进行有限范围的广播,从而降低单个节点接收到的响应数据量;采用基于优先级的数据传输策略,根据数据的重要性和紧急程度,为不同的数据分配不同的优先级,节点优先处理高优先级的数据,避免被大量低优先级的响应数据淹没。

**2. 优化的数据传播策略**

为了解决泛洪机制带来的问题,区块链网络采用了多种优化的数据传播策略,其中 Kademlia 算法是一种被广泛应用且效果显著的优化算法。

Kademlia 算法是一种基于分布式哈希表的算法,它通过独特的异或距离度量方式,构建了一种高效的节点查找和数据传播机制。在 Kademlia 网络中,每个节点都被分配唯一的 160 位 ID,这个 ID 可以看作节点在网络中的坐标。同时,数据也会被映射为一个 160 位的键值(Key)。Kademlia 算法通过计算节点 ID 和数据 Key 之间的异或距离,来确定数据应该存储在哪些节点上。

具体来说,Kademlia 算法的路由表是通过一系列称为 K-bucket 的数据结构来构建的。对于每一个 $0 \leqslant i \leqslant 160$,每个节点都保存了一些和自己距离范围在区间 $[2i, 2i+1)$ 内的节点信息,这些信息以(IP address,UDP port,Node ID)数据列表的形式存储在 K-bucket 中。每个 K-bucket 最多可以存储 $K$ 个节点信息(在比特币的实现中,$K$ 通常取值为 8;在以太坊中,$K$ 取值为 16),并且按照节点的活跃度或最近访问时间进行排序,最近访问的节点排在前面,这样可以保证经常活跃的节点信息始终处于 K-bucket 的前列,以便于快速查找和使用。

当一个节点需要查找特定数据时,首先计算目标数据的 Key 与自己节点 ID 的异或距离,然后从路由表中选择距离目标 Key 最近的 $K$ 个节点进行查询。这些被查询的节点会根据自己的路由表,选择距离目标 Key 更近的节点进行回复。如此递归,直到找到存储目标数据的节点。在数据传播过程中,Kademlia 算法利用这种高效的路由查找机制,使得数据能够沿着最接近目标节点的路径进行传播,大大减少了数据传播的冗余和不必要的广播,从而提高了数据传播的效率,降低了网络带宽的消耗。

例如,在以太坊网络中,当一个节点产生新的交易数据时,它会根据 Kademlia 算法,首先在自己的路由表中找到距离该交易数据 Key 最近的节点,将交易数据发送给这些节点。这些节点在接收到数据后,会继续按照 Kademlia 算法的规则选择更接近目标的节点进行转发,直到数据传播到整个网络中所有相关的节点。通过这种方式,以太坊网络能够在保证数据传播准确性的同时,提高传播效率,减少网络拥塞。

除了 Kademlia 算法,还有一些其他的优化策略,如基于 gossip 协议的数据传播方式。gossip 协议也称为流言协议或流行病协议,它的基本思想是将数据的传播类比为传染病的传播过程。在一个节点接收到新的数据后,它会随机选择若干个邻居节点,将数据发送给它们,而不是像泛洪机制那样发送给所有邻居节点。这些被选择的邻居节点在接收到数据后,也会以同样的方式随机选择其他邻居节点进行传播。这种随机的传播方式可以有效地缩小数据传播的范围,减少数据传播的频率,降低网络负载,同时也能够在一定程度上保证数据最终可以传播到整个网络;此外,还可以结合数据的时效性和重要性,对不同的数据采用不同的传播策略,如对于时效性要求高的交易数据,可以采用更快速的传播方式;对于一些历史数据或低频访问的数据,可以采用更保守的传播策略,以平衡网络资源的使用。

## 2.2.3 数据验证机制

数据验证机制是区块链网络确保数据真实性、完整性和合法性的核心技术之一,它在维护区块链系统的可靠性和安全性方面起着至关重要的作用。通过严格的数据验证,区块链能够防止恶意数据的注入和篡改,保证区块链账本的一致性和可信度。

接下来介绍基于密码学的验证原理。

区块链中的数据验证广泛依赖于密码学技术,其中哈希算法和数字签名是关键的两种技术,它们相互配合,共同实现了对区块链数据的有效验证。

哈希算法是一种将任意长度的数据映射为固定长度哈希值的函数。其核心特性有三:一是固定输出长度,无论输入的数据量大小如何,哈希算法都会生成一个固定长度的哈希值,如常见的 SHA-256 算法生成的哈希值长度为 256 位;二是碰撞性,理想情况下,不同的输入数据应该产生不同的哈希值,虽然在实际中由于哈希值空间的有限性,存在极小概率的哈希碰撞

(即不同输入产生相同哈希值),但优秀的哈希算法能够将这种概率降低到极低水平;三是单向性,即无法从哈希值反向推导出原始输入数据,这保证了数据的安全性。在区块链中,哈希算法主要用于确保数据的完整性。例如,对于一个区块,它会将区块头中的各种信息,如前一个区块的哈希值、时间戳、随机数以及区块体中所有交易的默克尔根等,通过哈希算法计算出唯一的哈希值。这个哈希值就像是一把独一无二的数字钥匙,它通过特定的算法,将任意长度的数据转化为固定长度的字符串。这个字符串与原始数据之间存在着紧密的对应关系,就如同每把钥匙都对应着唯一的锁芯结构一样。无论原始数据是一篇长篇幅的文档,还是一张高清的图片,又或是一段复杂的程序代码,经过哈希运算后,都会生成一个独特的哈希值。凭借这个哈希值,我们能够像钥匙精准匹配锁一样,快速、准确地识别并验证数据的完整性与一致性。

## 2.2.4 区块链网络层技术的应用案例

**1. 比特币网络**

比特币作为区块链技术的首个成功应用,其网络层技术的设计和实现为后续区块链项目奠定了坚实基础。深入研究比特币网络层技术,对于理解区块链网络的运行机制和发展趋势具有重要意义。

(1)比特币网络层技术实现

比特币网络采用了基于 TCP 协议的 P2P 组网方式,这使得网络中的节点能够直接进行通信,无须依赖中心化的服务器。在节点发现方面,比特币网络主要通过 DNS-seed 和硬编码种子节点两种方式。DNS-seed 是比特币社区维护者管理的域名,对应着多个 IPv4 主机地址,新节点通过查询这些域名可以获取到比特币节点的 IP 地址列表,从而与网络中的其他节点建立连接。当 DNS 种子节点全部失效时,新节点可以尝试连接代码中硬编码的种子节点,确保能够顺利接入网络。

在数据传播方面,比特币网络采用了泛洪机制。当一个节点产生新的交易或区块时,它会将数据广播给与之直接相连的邻居节点。邻居节点在接收到数据后,会首先验证数据的有效性,包括检查交易的签名、合法性以及区块的哈希值、工作量证明等。如果数据通过验证,那么邻居节点会将其存储到本地账本中,并继续将数据转发给它们各自的邻居节点。通过这种方式,数据能够在整个网络中迅速传播,确保所有节点的账本保持一致。然而,泛洪机制也存在一些问题,如数据可能会在网络中形成循环传播,导致网络拥塞;同时,当大量节点同时响应一个请求时,可能会引发风暴问题,使请求节点陷入瘫痪。

比特币网络的数据验证机制基于密码学原理。在交易验证中,使用了数字签名技术来确保交易的真实性和完整性。发送方使用自己的私钥对交易进行签名,接收方和网络中的其他节点可以使用发送方的公钥来验证签名的有效性。只有签名验证通过的交易才被认为是合法的,才能够被网络接受。在区块验证方面,采用哈希算法来验证区块的完整性。每个区块都包含前一个区块的哈希值,通过计算当前区块的哈希值,并与前一个区块的哈希值进行比对,可以确保区块在传输过程中没有被篡改。同时,比特币网络还采用了工作量证明共识机制来验证区块的合法性。只有通过大量计算找到满足特定条件的哈希值的节点,才能够生成有效的区块,并将其添加到区块链中。

(2) 对区块链网络层发展的影响

比特币网络的出现为区块链网络层技术的发展提供了开创性的范例。它的 P2P 组网方式打破了传统中心化网络的模式,实现了去中心化的分布式网络架构,为后续区块链项目在网络构建方面提供了重要的参考。其基于 TCP 协议的通信方式,确保了节点之间通信的稳定性和可靠性,成为许多区块链项目在网络通信协议选择上的基础。

比特币网络的数据传播和验证机制,虽然存在一定的局限性,但为后续的技术改进和优化指明了方向。泛洪机制虽然简单直接,但带来的循环问题和风暴问题促使研究人员探索更加高效、可靠的数据传播策略,如 Kademlia 算法等。这些优化策略在提高数据传播效率的同时,减少了网络拥塞,降低了节点负担。比特币网络基于密码学的验证原理,为区块链数据的安全性和完整性提供了保障,成为区块链网络数据验证的核心技术基础。后续大多的区块链项目在数据验证方面借鉴了比特币的思路,并在此基础上进行了创新和改进,如采用更加复杂的加密算法和验证机制,以适应不同应用场景的需求。

比特币网络的成功实践激发了全球范围内对区块链技术的研究和应用热情,推动了区块链网络层技术的不断创新和发展。众多研究人员和开发者围绕比特币网络层技术的不足开展了大量的研究工作,提出了一系列新的技术和解决方案,如改进的 P2P 组网算法,优化的数据传播机制和更高效的共识算法等,不断完善和提升区块链网络层的性能和功能。

**2. 以太坊网络**

以太坊作为区块链技术的重要应用平台,在网络层技术方面展现出独有的特色,并通过与智能合约的协同工作,拓展了区块链的应用场景和功能。

(1)以太坊网络层技术特色

以太坊网络组网方式见 2.2.1 节。以太坊的节点发现机制使得以太坊网络能够快速建立节点之间的连接,在节点查找和资源定位方面更加高效,网络的响应速度进一步提高。

在数据传播方面,以太坊同样采用了基于 P2P 的传播方式。当一个节点产生新的交易或区块时,它会根据 Kademlia 算法构建的路由表,选择距离目标节点最近的节点进行数据传播。这些节点在接收到数据后,会继续按照 Kademlia 算法的规则将数据转发给更接近目标的节点,从而实现数据在整个网络中的高效传播。与比特币网络的泛洪机制相比,以太坊基于 Kademlia 算法的数据传播方式能够减少数据传播的冗余,提高传播效率,降低网络带宽的消耗。

以太坊的数据验证机制也具有自身的特点。在交易验证方面,以太坊不仅会验证交易的签名和合法性,还会对智能合约的执行进行验证。当一个交易涉及智能合约的调用时,节点会在本地模拟智能合约的代码,检查合约的执行结果是否符合预期,以及是否存在安全漏洞等问题。只有通过验证的交易才能够被确认并添加到区块链中。在区块验证方面,以太坊采用了与比特币类似的哈希算法和工作量证明共识机制(早期采用工作量证明共识机制,后逐步向权益证明共识机制过渡),确保区块的完整性和合法性。同时,以太坊还引入了叔块(Uncle Block)机制。即当一个区块在竞争中未能成为主链的一部分时,可以作为叔块被包含在其他区块中,并获得一定的奖励。这种机制有助于提高网络的安全性和稳定性,减少分叉的产生。

(2)智能合约与网络层的协同

智能合约是以太坊的核心创新之一,它与以太坊网络层技术紧密协同,共同实现了以太坊的强大功能。智能合约是一种以代码形式部署在区块链上的自动执行合约,当满足预设的条件时,智能合约会自动触发执行。在以太坊网络中,智能合约的部署和执行依赖于网络层的支持。

当开发者编写好智能合约代码后,需要将其部署到以太坊网络中。这一过程通过网络层的节点通信和数据传播机制来实现。开发者将智能合约的字节码和相关参数封装成一个交易,通过网络广播发送给以太坊网络中的节点。节点在接收到交易后,会对交易进行验证,包括验证交易的格式、签名以及智能合约代码的合法性等。如果交易通过验证,那么节点会将其添加到本地的交易池中,并等待被打包进区块。

在智能合约的执行过程中,网络层同样发挥着关键作用。当一个外部账户向智能合约地址发送交易,触发智能合约的执行时,网络层负责将交易传播到其他节点。每个节点在接收到交易后,会在本地的以太坊虚拟机(EVM)中执行智能合约的代码。EVM是以太坊智能合约的运行环境,它提供了一个隔离的、沙盒化的执行空间,确保智能合约的执行不会影响到节点的其他系统资源。在执行过程中,EVM会根据智能合约的代码逻辑,对交易进行处理,并更新智能合约的状态。网络层的节点通过共识机制,确保所有节点对智能合约的执行结果达成一致,从而保证区块链的一致性和可靠性。

智能合约的执行结果需要通过网络层进行传播和存储。当智能合约执行完成后,节点会将执行结果封装成一个新的交易,并通过网络广播发送给其他节点。其他节点在接收到交易后,会验证执行结果的正确性,若通过验证则会将其存储到本地的区块链账本中。通过这种方式,智能合约的执行结果能够在整个以太坊网络中得到确认和记录,从而实现了智能合约的去中心化和不可篡改特性。

以太坊网络层技术与智能合约的协同工作为开发者提供了一个强大的去中心化应用开发平台。开发者可以利用以太坊的智能合约功能编写各种复杂的应用逻辑,实现如 DeFi、非同质化代币(NFT)、去中心化自治组织(DAO)等多种创新应用。而网络层技术则为这些应用提供了可靠的通信、数据传播和验证保障,确保应用的稳定运行和数据的安全可靠。

## 2.3 数据隐私攻击

本部分以公有链比特币区块链系统为例进行介绍。在比特币中，每笔交易都是可追踪的。交易输出是另一笔交易的输入，从而形成交易链。分析师可以根据交易链获得任何加密货币的使用情况和任何地址的相关交易。潜在的攻击者可以通过分析交易记录来分析用户的交易和身份隐私。比特币数据攻击的分类如表 2.1 所示。

表 2.1 比特币数据攻击的分类

| 分类 | 子类 |
| --- | --- |
| 数据隐私攻击 | 交易隐私攻击 |
|  | 身份隐私攻击 |
| 数据可用性攻击 | 网络可追溯性攻击 |
|  | Eclipse 攻击 |
| 数据一致性攻击 | 双重支出攻击 |
|  | 自私采矿攻击 |
|  | 阻止拒绝攻击 |

### 2.3.1 交易隐私攻击

交易输入来自另一笔交易的输出。分析师可以根据比特币的交易获得以下信息。

① 使用比特币。比特币来自挖矿过程，首先记录在矿工的挖矿地址中，然后转移到其他地址。采矿和交易信息都将记录在全球分类账中。因此，

攻击者可以通过分析这些公共数据来获取任何比特币的所有交易。

② 比特币地址。每个区块链交易都详细说明了所有输入和输出地址的信息。

因此，分析师可以获得以下信息。

① 查找不同地址之间的比特币关系。比特币在账户之间的转移反映了账户之间的关系。Reid 和 Harrigan 分析了维基解密发布的账户，并统计了维基解密网站上发布的比特币地址的余额、比特币来源和流量。此外，他们分析了比特币中的一个被盗地址，并找到了与被盗地址最接近的 5 个地址，从而揭示了被盗前后的比特币流量。

② 跟踪特殊交易。分析师可以监控涉及盗窃等大型或疑似恶意行为的特殊交易的交易信息，并通过持续观察以进一步追踪比特币的流动。Liao 等人展示了 CryptoLocker 的攻击，该攻击通过加密受害者的文件来勒索比特币。他们研究了公共比特币勒索软件地址的关系交易，总共找到了 968 个属于该组织的地址，并确定了价值为 1 128.40 枚比特币的赎金交易。这些信息有助于确定罪犯的身份。

③ 交易规则可以揭示交易之间的关系。Ron 和 Shamir 专注于交易统计，追踪了 364 笔交易，超过 50 000 枚比特币。此外，他们还研究了一笔 90 000 枚比特币交易的交易规则。因此，他们发现大型交易会使用各种方法将比特币分散到不同的地址，这些交易方法包括长链、分叉合并模式和自循环模式。

## 2.3.2 身份隐私攻击

比特币的架构如下。

① 多个输入地址属于同一个人或组织。多输入交易由同一用户发起，

因为多输入交易中的每个输入都需要单独的签名。

② Coinbase 交易中的多个输出地址属于同一用户集。许多矿工希望通过加入一个矿池来增加收入,在那里他们参与集体采矿。所有参与挖矿的矿工地址都被记录为 Coinbase 交易输出。

③ 输入地址和更改地址属于同一用户。比特币系统的更改地址是自动产生的,它将更改的比特币保存在一笔交易中。更改地址的特点包括变更地址通常只有一次,变更地址仅属于一个交易中的交易输入或输出,并且只有改变地址不能出现在输出地址中。

分析师可以发现不同地址之间的相关性,并使用比特币的设计减少匿名区块链地址。Meiklejohn 等人使用启发式分析来分析区块链中交易数据,以识别相同用户的不同的地址。他们分析了丝绸之路的公共地址以及与一些盗窃案件相关的地址,发现了许多相关地址。Zhao 和 Guan 提出了比特币交易数据的聚合过程。根据对比特币全球分类账中 35 587 286 个地址进行分析发现,存在 13 062 822 个不同的用户。

比特币交易信息可用于推测身份隐私。

(1) 交易特征

通常,交易特征与交易流程有关。在日常生活中,许多交易行为都有自己的特点。例如,早餐店的购物通常发生在早上,交易金额通常为 1~20 枚硬币。加油站交易时间较为平均,但交易金额通常集中在几个特定的数值(即 100 枚硬币、200 枚硬币或全价)。请注意,基于油价变化而呈现的交易金额变化具有普遍规律。

(2) 交易规则

每个用户都有不同的交易行为。Monaco 分析了作用参数,然后提出了一种基于参数验证的方法。

## 2.3.3 数据可用性攻击

数据可用性的主要威胁是异常或不正确的访问比特币。

**1. 网络可追溯性攻击**

在比特币网络中,攻击者可以获取 IP 地址、拓扑结构和传输信息。分析师可以根据这些信息分析用户身份隐私。在数据传输过程中,P2P 网络中每个节点之间的连接关系是可以分析发现的。

交易可追溯性用于根据图 2.1 所示的不同节点向探测器发送交易的时间顺序来估计交易传播。理想情况下,原始节点最早到达探测器的节点,到达探测器的下一个第 $n$ 个相邻节点的顺序将随着距离的增加而增加。在实际环境中,不同节点到达探测器的交易时间的顺序受到许多因素的影响,如网络延迟和延迟传输。此外,远程节点传输的交易可能会提前到达。我们将考虑各种影响因素,计算交易顺序的准确性,以准确分析交易排名和节点网络拓扑的匹配程度。

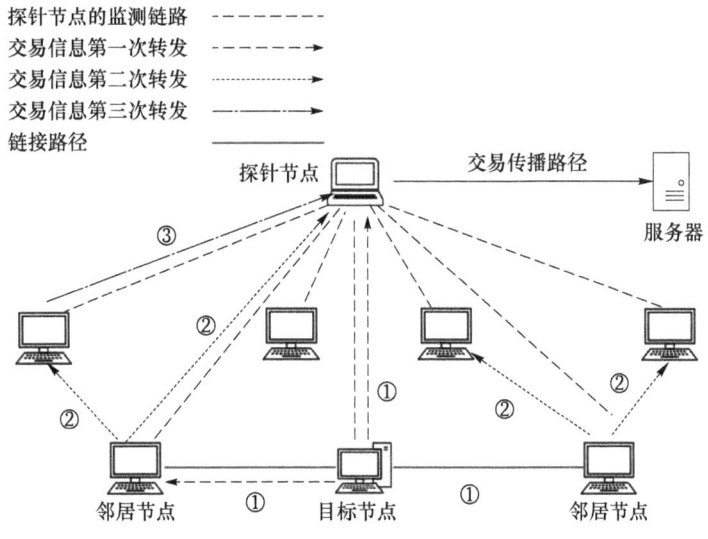

图 2.1 交易可追溯性机制

网络可追溯技术利用比特币网络传输信息的收集来分析比特币交易在网络中的传输路径，然后跟踪交易生成的服务器 IP 信息。该技术可以通过交易发起节点的 IP 地址直接联系匿名交易，以实现可追溯性。然而，现有的网络可追溯性技术的准确性较低，通常需要额外的计算和存储资源。因此，该技术不太实用。

比特币用户可以通过在世界的任何地方的服务器上与其他用户创建比特币交易来进行比特币代币的双面交易。交易不需要第三方参与，且交易双方使用的地址是匿名的。因此，比特币交易者的真实身份很难被找到。

交易可追溯性技术希望跟踪比特币交易在网络中的传输路径，以确定发起交易的比特币网络中的第一个服务器节点。一旦比特币交易与发起节点的 IP 地址相关联，交易中的匿名账号就可以与用户身份相关联，从而识别恶意交易者的身份信息并分析比特币资金的流动。网络可追溯性技术是分析比特币网络传输的交易信息，定位交易的传播路径，并推断交易的起源节点。

Koshy 等人分析了网络中比特币交易的模式，发现可以使用特殊的交易模式搜索源节点。例如，仅由一个节点传输的事务通常是由事务格式的问题引起的，然后该交易仅由发起节点传输一次。然而，特殊交易模式在所有交易中的占比很小（在试验中不到特殊交易的 9%），因此这种方法的效果是有限的。

Biryukov 等人使用邻居节点分析了交易的可追溯性。因此，使用内准则作为判断依据可以提高可追溯性的准确性。然而，该解决方案必须持续向比特币网络中的所有节点发送信息，这可能会对比特币网络造成严重干扰，而且不太实用。

**2. 日蚀攻击**

Heilman 等人描述了日蚀攻击，该攻击利用 P2P 网络的广播特性进行攻击。攻击者控制受害者节点所有信息的接收和传输,导致受害者节点与非法节点的入站连接。

攻击节点在区块链的受害者节点重新启动之前,会自动填充受害者节点的路由表,从而迫使受害者节点与路由表中的攻击地址建立传出连接。此外,攻击节点持续地与受害者节点建立传入连接。最终到达垄断受害者节点的通道,并控制其信息流的目的,使其只能接收攻击节点发送的无用的甚至恶意的信息。攻击节点可以控制更多节点的区块链通道和信息流,如果能够在更多节点上成功实施日蚀攻击,则可以逐渐控制大多数区块链网络。攻击者甚至可以在此基础上发起51%的攻击和双重支出攻击,从而造成更严重的后果。

日蚀攻击过程通常分为4个步骤,如图2.2所示。

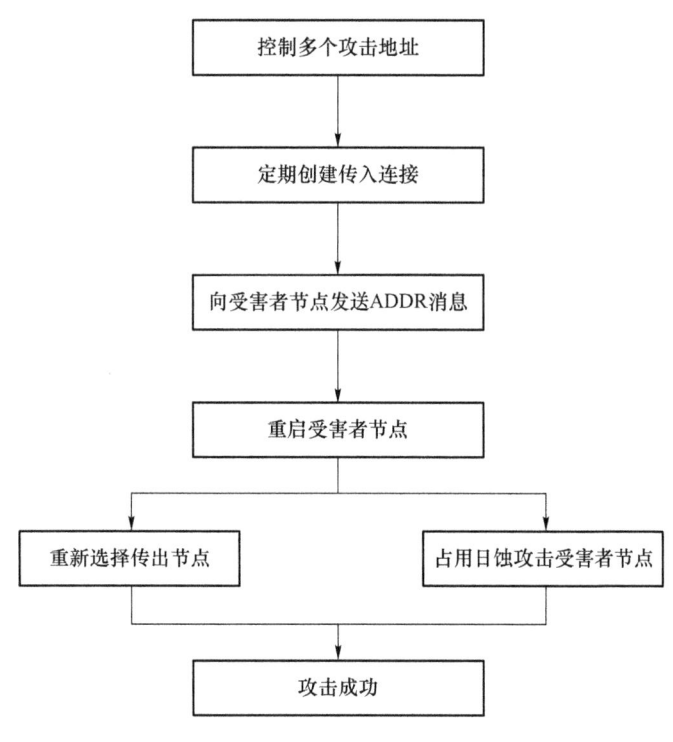

图 2.2 日蚀攻击过程

(1) 填充 tried 表和 new 表

来自未经请求的传入连接的地址会被存储在 tried 表中。因此,攻击者可以通过从一个地址连接受害者节点将该地址插入受害者节点的 tried 表中。此外,节点对新地址的偏好规则意味着攻击者拥有更新的地址时会驱逐旧的合法地址。区块链节点能够接收未经请求的 ADDR 消息。ADDR 消息中包含的地址可以被直接插入 new 表中,而节点不会测试它们的连通性。因此,攻击节点通过攻击地址与受害者节点相连时,攻击节点能够向受害者节点发送包含大量无效的"垃圾"IP 地址的 ADDR 消息。"垃圾"IP 地址将逐渐地覆盖 new 表的所有合法地址。节点很少从其邻居节点和 DNS 播种器中获取网络信息。因此,当攻击者覆盖受害者节点的 tried 表和 new 表时,受害者节点几乎从来没有通过查询合法的同伴或播种者来验证其真实性。

(2) 受害者节点重启

日蚀攻击要求受害者节点重启,因为节点重启后受害者节点才能与攻击地址相连。导致比特币节点重启的原因包括:ISP 停机、关机、矿机的操作系统升级等。

(3) 选择传出连接

所有 new 表中的地址都是"垃圾"IP 地址,即受害者节点重启后,若从 new 表中挑选地址建立传出连接,则所有的连接都是失败的。因此,受害者节点只能被迫从 tried 表中挑选地址。又由于受害者节点偏向选择更新的地址(保证合法地址变得越来越"陈旧"且攻击地址是"新鲜"的),导致受害者节点的传出连接全部与攻击地址相连。

(4) 垄断日蚀受害者节点

若上述中的攻击成功,则受害者节点有 8 个与攻击地址相连的传出连接。接下来,攻击者必须占据受害者节点的所有传入连接才能真正垄断受害者节点。为了防止他人连接到受害者节点,这些 TCP 传出连接可以维持 30 天,受害者节点的地址在这个时期内将被 P2P 网络遗忘。

日蚀攻击可能会引起其他攻击,如表 2.2 所示。

表 2.2 可能由日蚀攻击引起的攻击

| 攻击 | 说明 |
| --- | --- |
| 双花攻击 | 发送方在多个交易中使用相同的加密货币 |
| 自私采矿攻击 | 隐藏挖出的石块,使链条分叉 |
| 扣块攻击 | 攻击者从不提交任何块 |

## 2.3.4 数据完整性攻击

数据完整性攻击是指通过对区块链共识机制的攻击,使比特币数据不一致。这种类型的攻击主要是双花、自私采矿和扣块攻击。

(1) 双花攻击

双花攻击是指发送者在多次交易中使用相同的加密货币。比特币使用 PoW 系统,其确认时间为区块之间的时间间隔(10 min)。因此,攻击者将在此时间间隔内实施攻击。如果攻击者拥有大量的计算能力,则其更有可能成功执行攻击。

双花攻击是对比特币系统的一种独特攻击,分为两种类型。

① 攻击者使用相同的比特币同时与多个用户进行交易。如果这些交易用户在没有将交易记录在合法区块链中的情况下完成交易,则攻击者将实现双重支出甚至多重支出的目标。尽管在攻击者发起的多笔交易中,只有一笔交易被视为合法并记录在区块链中,但该交易已经完成,攻击者也将从攻击中受益。

② 攻击者利用自己的计算能力发动攻击。攻击者使用相同的比特币与两名用户进行交易,分别为交易 A 和交易 B。如果交易 A 被确认记录在区块链中,则交易 A 完成。攻击者具有 PoW 攻击力。因此,攻击者将交易 B 记录在私有区块链中,并挖掘比合法区块链更长的链,促使交易 B 被确认并完成。

Karame 等人分析了比特币在快速支付场景下的双重支出威胁。图 2.3 显示了双花攻击模型。我们假设攻击者 A 必须向供应商 V 支付比特币,并且 A 向 V 创建交易 TXV。A 同时创建另一个交易 TXA,其比特币与 TXV 输入中涉及的比特币相同,以实现双重支出。成功实施双重支出攻击必须满足以下 3 个要求:①TXA 被添加到了 V 的钱包中;②TXA 在区块链中是被确认的;③V 的服务时间小于 V 检测到的时间。

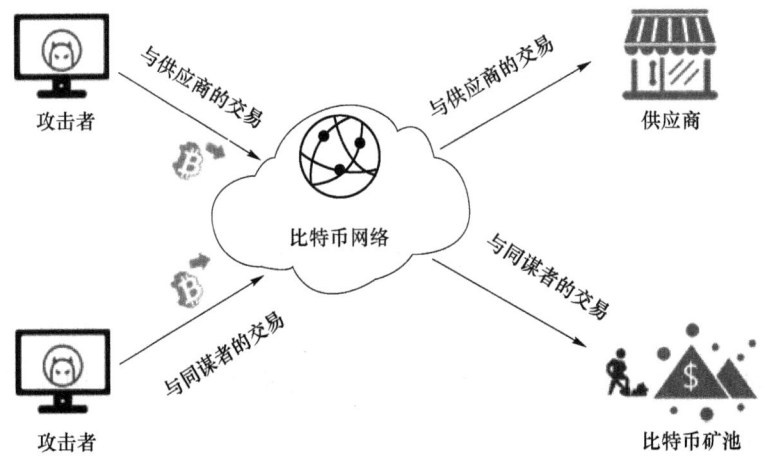

图 2.3 双花攻击模型

由于 PoW 机制,防止双花攻击通常需要 10 min。因此,它不适用于快速支付场景。此外,如果没有合适的检测机制,双花攻击可以以低成本的方式实现。

(2) 自私采矿攻击

自私采矿攻击(Selfish Mining Attack)是针对区块链的一种典型攻击。

由于对于一个矿工（Miner）来说，挖取像比特币这样的加密货币，需要高计算能力来解决密码难题（即工作量证明），因此采矿变得十分困难。鉴于此，一组矿工，即采矿池（Mining Pool）通常会建立组合，并在成功解决密码难题之后，分享收到的奖励。这样有助于个体矿工在单独采矿时产生较连续恒定的收入，而不是很少的收益。

Eyal 和 Sirer 认为，如果存在一群自私的矿工，采用自私的采矿战略，并获得成功，就可能会使诚实的矿工的工作无效。这种自私采矿攻击表现为：一个恶意的采矿池决定不发布其发现的块，进而创建一个分叉，因此，网络中就存在由诚实矿工维护的公共链和恶意采矿池的私人分叉；恶意采矿池在此私人分叉下继续进行采矿，当私人分叉比公共链长的时候，恶意采矿池就发布该私人分叉，由于该分叉是当前网络中最长的链，因此会被诚实的矿工认定为合法链，进而原公共链及其包含的诚实数据将被丢弃。研究结果表明，一般情况下，恶意采矿池采用自私采矿策略将获得更多的收益。此外，如果自私池超过总网络的三分之一，则现有协议将不再安全。

Courtois 和 Bahack 对自私采矿进行了实验模拟和理论分析。结果表明，比特币的计算浪费最小，甚至随着时间的推移而减少。Sapirshtein 等人研究了自私采矿底层模型的最优策略。此外，Nayak 等人的研究结果表明，当这种攻击与日蚀攻击相结合时，根据不同的参数，这些策略有时会导致 30% 的增益。Carlsten 等人提出了一种更复杂的自私采矿策略，该策略导致回报不均，并超过了默认采矿和传统的自私采矿。该策略一旦部署，攻击将是有利可图的，并可能导致 51% 的攻击或共识失败。

（3）扣块攻击

扣块攻击是对比特币的典型攻击，其中一些加入联合矿池的恶意攻击者没有任何矿块，且减少了矿池的收入，浪费了其他矿工提供的计算能力。这种类型的攻击也被称为蓄意破坏攻击，恶意矿工通常不会有任何好处。

扣块攻击将给矿工和矿池造成不同的损失，与矿工的低成本相比，矿池的损失相对较大。因此，扣块攻击在竞争的矿池中更为常见，在矿工中不太常见。图 2.4 显示了扣块攻击图。

Courtois 和 Bahack 分析了个实例，发现恶意矿工从这种攻击中获利的主要危险是浪费矿池的计算资源并减少这些矿池的收入。Eyal 分析了矿工困境的博弈，并在相互竞争的矿池之间找到了平衡，这使得矿工反复选择是否攻击。Kwon 等人扩展了 BWH 攻击，并提出了一种新的攻击方法，称为预扣后分叉（FAW）攻击。该攻击使用基于扣块攻击的自私采矿攻击。他们的研究结果表明，在两个采矿池相互攻击的情况下，计算能力更高的一方更容易获胜。

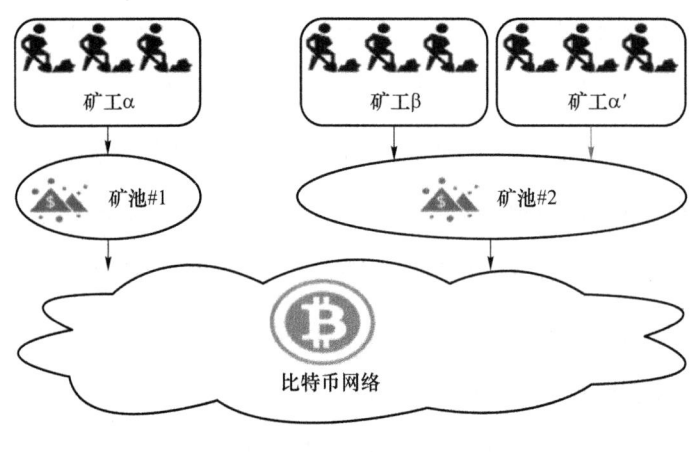

图 2.4 扣块攻击

## 2.4 数据安全保护

### 2.4.1 数据隐私保护

特殊的数据结构和共识机制可以确保交易的可靠性、非伪造性和分布式一致性。数据结构和共识机制确保了在分布式不可信网络节点中维护统一的、高公共信任度的账户。然而,这些机制也带来了隐私风险。完整的分类账不仅泄露了数据隐私,还泄露了数据背后的交易员与交易对象之间的关系身份隐私。数据隐私保护的重点是尽可能地隐藏数据及其背后的信息。我们根据数据库隐私保护分类方法对不同的机制进行了分类。

**1. 数据混淆**

根据区块链账本的公开性,攻击者可以找到交易数据之间的关系。攻击者可以推断交易和身份隐私。为了防止这种攻击,我们可以采用一种称为混币的方法,且不改变交易结果。然而,这种方法增加了混淆。比特币混币原理如图 2.5 所示。

假设 Alice、Bob 和 Mike 分别拥有交易地址 $Alice_1$、$Bob_1$ 和 $Mike_1$。在混合比特币的过程中,比特币首先由混合地址 $Mix_1$、$Mix_2$ 和 $Mix_3$ 混合,分别为 $Alice_2$、$Bob_2$ 和 $Mike_2$ 生成新地址,并将需要交易的比特币发送给它们。然后,这些比特币被输出到这些新地址 $Alice_2$、$Bob_2$ 和 $Mike_2$,这样其他人就无法掌握这些比特币的来源。

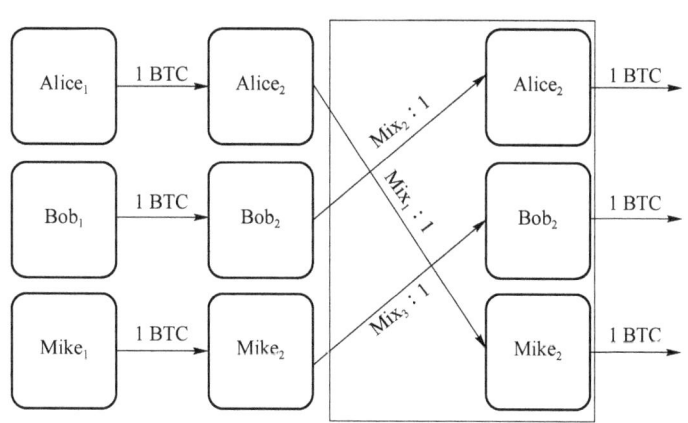

图 2.5 比特币混币原理图

混币的定义如下。

(1) 基于中心节点的混币方法。

此类方法的核心特点是混币过程由第三方节点执行。参与混币的用户首先将资金发送给第三方节点,然后第三方节点对资金进行多次交易,最终将资金转移给参与混币的用户指定的地址。由于资金经过第三方节点的处理,攻击者很难发现参与混币的用户的资金流向。

此类方法简单易行,不需要额外的技术改进,适用于比特币以及其他数字货币。目前有很多网站提供这种混币服务,如 Bitlaunder、Bitcoin Fog、Blockchain.info。用户通过支付混币费用,就可以使用由网站提供的混币服务。但是,这种方法由于需要第三方节点提供混币服务,存在很多天然的缺陷,包括以下 3 点:

① 额外的收费和较慢的混币速度。提供混币服务的节点通常会收取混币费用,而且随着混币次数的增加,费用会直线上升。此外,混币的时间也会随之增加。通常的延迟时间为 48h,交易费用为 1‰~3‰。

② 存在盗窃资金的风险。此方法中,第三方节点收到用户的资金后有可能不履行协议,盗窃用户的资金,且用户没有有效的反制措施。

③ 中间节点可能泄露混币过程。此方法中第三方节点了解全部的混币过程,用户无法保证第三方节点不会泄露混币过程信息。

针对这些缺陷,出现了很多改进的方法。Bonneau 等人提出一种改进的中心化混币方法 Mixcoin。这种方法增加了审计功能,一旦第三方节点违规操作,用户可以公布签名数据,使违规的中间人迅速失去声誉,不能再继续提供混币服务。Valenta 和 Rowan 在 Mixcoin 的基础上,采用盲签名技术对中心化混币方案进行进一步优化。他们设计的 Blindcoin 方法能够在保证第三方节点正常提供混币服务的同时,不能建立输入地址和输出地址的映射关系,因此,能够防止第三方泄露混币过程信息。Shen 和 Yu 提出一种基于椭圆曲线的盲签名混币方法,该方法能够在保证匿名性的基础上提升计算效率。匿名数字货币达世币(DASH)从经济学的角度解决了中心化混币方案面临的威胁。达世币中执行混币过程的中心节点被称为主节点,所有主节点必须向系统支付1 000枚达世币(达世币中的数字货币)的押金才能获得执行混币操作的权利。押金的设置增加了主节点违规操作的代价。

(2) 去中心化的混币方法。

此类方法的核心特点是混币过程不需要第三方节点执行。最早的方法是由 Gregory Maxwell 在比特币论坛上提出的 Coinjoin 机制,其核心思想是通过将多个交易合并成一个交易,隐藏交易输入方和输出方的对应关系。

对于一个多输入—多输出交易,潜在攻击者无法通过阅读交易信息有效区分输入和输出之间的关系。Coinjoin 思想被运用在多种匿名比特币交易中,如 Dark Wallet、CoinShuffle、JoinMarket。Coinjoin 机制能够增强所有用户的隐私保护能力。一旦数字货币系统中部分节点采用 Coinjoin 协议,即使其余用户没有使用这种协议,也不能采用原有的推测方法,认为一个交易中的多个输入地址隶属于同一个用户。Coinjoin 方法不依赖第三方节点,能够有效避免中心化混币方法存在的资金偷窃、混币费用等问题。但是由于没有中心节点,Coinjoin 方法中参与混币的用户必须自行协商和执行混币过程,这存在许多缺陷:

① 在寻找参与混币用户的过程中,可能需要中心节点,同样面临中心化混币的威胁;

② 在节点协商的过程中,参与混币的节点可能会发现其他节点的混币信息;

③ 在执行混币过程中,如果部分节点违规操作,可能会导致混币过程失败,攻击者可以利用这点低成本地实现拒绝服务(DOS)攻击。

④ Coinjoin 方法形成的多输入—多输出交易将记录在全局账本中,用

户无法抵赖他们曾经参与过的混币。

针对这些缺陷,出现了很多改进的方法。Ruffing 等人提出一种完全去中心化的比特币混币协议 CoinShuffle。CoinShuffle 方法在 Coinjoin 的基础上设计一种输出地址洗牌机制,能够在不需要第三方的情况下完成混币过程,还能保证混币参与方不知道其他交易方的对应关系。但是 CoinShuffle 方法在混币过程中要求参与者同时在线,因此容易遭受拒绝服务攻击。Bissas 等人设计一种能够利用区块链中的广告信息匿名发现混币参与方的去中心化混币协议 Xim。Xim 采用一种多轮两方混币协议,具有可调控的成功率。与 Coinjoin 机制相比,Xim 方案中恶意节点发动攻击的代价将随着参与混币用户的数量线性增加,能够有效对抗女巫攻击和其他拒绝服务攻击。CoinParty 是采用安全多方计算协议实现的一种改进方法,其能够在部分混合节点恶意操作或者失效的情况下,保证混币过程的有效性。门罗币(Monero)是一种以隐私保护为主要特征的新型数字货币,采用环签名机制实现混币过程。相对于其他方法,门罗币中用户实施混币过程时不需要和其他用户交流,任何一个用户可以自行实现混币。因此,能够有效杜绝去中心化混币方法面临的拒绝服务攻击,混币参与用户泄露混币过程等问题。

混币在区块链挖掘中得到了广泛的应用,并提出了许多改进方案。我们对本书中所提及的混币方法进行了比较和分析,结果如表 2.3 所示。

表 2.3　混币方法比较分析

| 混币协议 | 是否依赖第三方 | 是否需要混币费用 | 是否存在盗窃风险 | DOS 攻击风险 |
| --- | --- | --- | --- | --- |
| Mix | 是 | 是 | 高 | 低 |
| Mixcoin | 是 | 是 | 中,支持审计 | 低 |
| Blindcoin | 是 | 是 | 中,使用盲签名 | 低 |
| DASH | 是 | 是 | 中,支付押金 | 低 |

续表

| 混币协议 | 是否依赖第三方 | 是否需要混币费用 | 是否存在盗窃风险 | DOS 攻击风险 |
|---|---|---|---|---|
| Coinjoin | 否 | 否 | 低 | 高 |
| CoinShuffle | 否 | 否 | 低 | 高 |
| Xim | 否 | 是 | 低 | 低 |
| CoinParty | 否 | 否 | 低 | 低 |
| Monero | 否 | 否 | 低 | 低 |

**2．数据加密**

加密机制是隐私保护中的一种常见方案。通过加密敏感数据，持有密钥的人可以读取数据，而其他人即使可以访问数据，也无法解密。因此，加密确保了数据隐私。在传统的区块链中，应用程序数据以明文存储，任何节点都可以访问数据。因此，在区块链中使用加密技术来保护隐私时必须确保节点能够完成对加密数据的交易验证。此外，必须降低加密机制对验证效率的影响，因为区块链交易必须由所有节点共同验证。

特定的交易信息必须在区块链中加密。数字货币中，已经存在一些基于加密的保护措施。

门罗币是一种加密的数字货币。传统数字货币中交易输出地址的内容包括接收者的公钥和地址信息。此外，观察者可以直接确定数字货币的目的地。在门罗币中，输出地址是由接收方的公钥和发送方生成的随机参数共同获得的新地址信息。随机参数仅由发送方掌握。因此，观察者无法确定新地址信息与接收器之间的关系。生成不同的随机参数可以确保每个事务的输出地址不同，并且它们之间不存在相关性。门罗币涉及两项关键技术：隐形地址和环签名。隐形地址旨在解决输入/输出地址的相关性问题。在确保接收方的地址每次都会更改的同时，隐形地址使外部攻击者无法看到地址连接。然而,它并不能保证发送方和接收方之间的匿名性。因此,门罗币开发了一种环签名方案。环签名原理如图 2.6 所示,每当发送方必须建立交易时,接收方都会使用自己的私钥和从其他用户的公钥中选择的一定数量的公钥来签署交易。

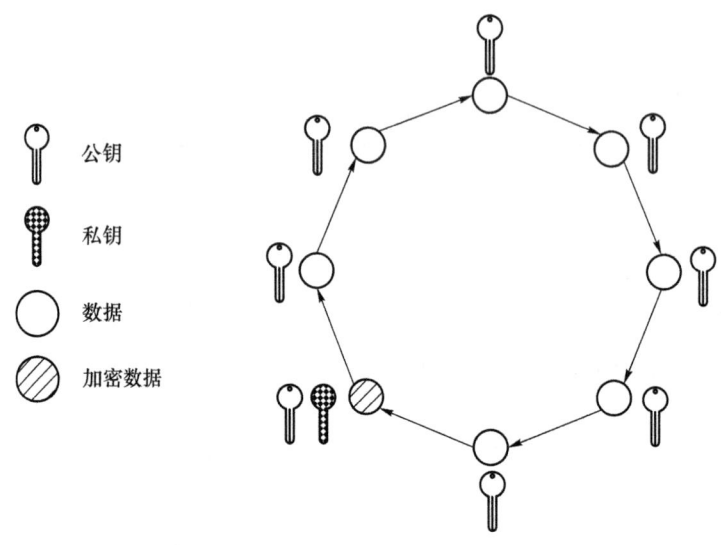

图 2.6　环签名原理图

用户必须在签名中使用对方的公钥和参数。此外,发送方必须提供密钥图像以提供身份识别。私人和关键图像都曾经很密集,以确保它们无法被追踪。

Zcash 是一种新的数字货币,以前称为 Zerocoin,是 Zerocoin 的改进。Zcash 使用 promise 函数来封装每笔交易的来源和几个参数的数值,同时使用 zk-SNARKs 来证明交易,且证明过程不需要披露相关信息。因此,它可以隐藏发送方的价值,甚至隐藏交易的输入和输出。Zcash 是目前保护隐私的最佳数字货币。然而,它采用的 zk-SNARKs 算法速度非常慢。生成新的证明通常需要 1 min,并且已经观察到效率的瓶颈。Zcash 原理如图 2.7 所示,底层实现与比特币结构相似(尽管 Zcash 是使用 zk-SNARKs 的去中心化混合币池构建的)。通过挖矿和倾倒操作,它可以在完全匿名的情况下执行。Mint 是用户向列表中写入一定金额现金的承诺的过程,promise 必须是一次性序列号,用户的私钥是经过计算且不可逆的,Pour 是通过一系列零知识证明将一枚硬币铸造成等价物。

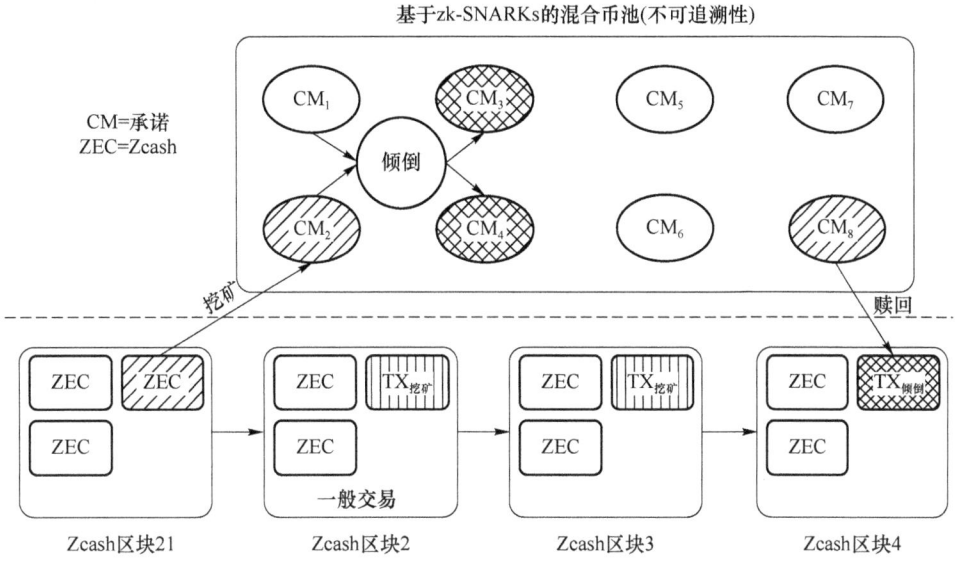

图 2.7 Zcash 原理图

与比特币类似,Zcash(ZEC)数量的增加是基于挖矿的。矿工获得的 ZEC 可以被跟踪和记录,且 ZEC 的使用需要私钥的签名。由于它类似于比特币,因此,可以直接使用 ZEC 在每个地址完成转账。然而,它目前不是匿名的。ZEC 操作所做的承诺并不在用户地址的表面,而是取决于公钥和一个一次性随机数。当用户想要花费(即转账)ZEC 时,必须在承诺列表中提供序列号和承诺,这样用户可以在不完全暴露的情况下花费 ZEC。用户可以在所谓的兑换操作中使用兑换操作提取池中的 ZEC。赎回是一种承诺,即返回与前一个类似的 ZEC,且矿工不知道哪个承诺被赎回了 ZEC。因此,用户不必将 ZEC 转让给任何人,只需将 ZEC 放入池中并兑换即可,且其来源无法追踪。

**3. 限制性发布**

限制性发布计划旨在从公共数据库中删除与隐私直接相关的数据。与之前介绍的混币和加密机制相比,这种方法完全保证了隐私数据的安全性。然而,这种方法对业务场景有额外的限制,即需要对底层协议进行额外的修改。常见的解决方法如下。

(1) 闪电网络和 Raiden 网络

闪电网络实现了安全的链外交易。在闪电网络中,用户之间的大部分交易细节都是离线实现的,只有第一笔和最后一笔交易必须记录在区块链分类账上。因此,它可以有效地保护交易隐私。Raiden 网络是以太网提出的微支付渠道解决方法。它直接基于闪电网络,并且已经开发出来了。Raiden 网络没有引用以太网智能合约消息格式的具体字段限制。因此,Raiden 网络可以为通道平衡快照引入一个增量数,从而解决了旧版本快照的识别和失效问题。

(2) 联盟区块链和私有区块链

传统的区块应用程序大多是公共区块链,如比特币和以太网。在公共区块链应用中,任何人都可以成为区块链网络的成员。交易数据的维护使公共区块链的应用具有高度的可信度。然而,它带来了身份和数据的隐私威胁。因此,区块链技术产生了一个联盟区块链和私有区块链的分支,以更好地保护隐私。读写权限对联盟区块链中的节点开放,而读写权限则对私有区块链中的一个节点开放。

## 2.4.2 数据可用性保护

(1) 网络可追溯性攻击防护

区块链在具有隐私保护的网络上运行,因此其拓扑结构可以被隐藏,从而防止身份隐私信息的泄露。一种选择是洋葱网（Tor）。洋葱网是一种匿名通信技术，它保护了消息发送者和接收者的隐私，并隐藏了数据消息通过网络的路由。另一种选择是 Monroe，其中输出地址是接收者公钥获得的新地址信息和发送者生成的随机参数。在传统数字货币中，交易输出地址的内容是接收者的公钥和地址信息，观察者可以直接确定数字货币的目的地。

(2) 日蚀攻击防护

研究人员提出了 2 种解决日蚀攻击的方法，如下。

① 限制访问，确保网络节点必须是被认证的。这种方法可以有效地防止恶意节点建立传入和传出连接，从而使其无法成为区块链节点。然而，这种方法将改变区块链的操作架构。

② 检测和阻止恶意节点，是一种区块链恶意节点检测机制。Dillon 提出了一种有效的方法来检测恶意节点，并通过限制其进行进一步的破坏，将该节点添加到区块链中。

## 2.4.3 数据一致性保护

(1) 双花攻击防护

Karame 等人分析指出，当前的检测方法使用了一个"监听期"，即接收器在监听期结束后检测一组交易，以确定其是否存在。这种方法存在的问题是，攻击者可能会延迟传输，因为邻居节点不会在监听期内被发现存在双花攻击。即使在监听期之后，邻居节点也无法检测到双花攻击。此外，接收节点的邻居节点越少，此攻击的成功率就越低。为此，有一种方法是在网络中插入观察者，观察者会立即通知接收者其检测到的双花攻击。只要 3 个观察者就可以有效地检测到双花攻击,但这需要额外的成本。本书提出了一种改进事务转发功能的机制,即在检测到双花攻击时转发到邻居节点。该机制的检测率为 100%,假阴性率为 0%。

Ruffing 等人设计了一个智能合约,即让所有收款人异步接收付款,并对双重支出攻击者进行处罚。Miguel 和 Barbara 将交易时间缩短了 15~20 s,并使用集体签名使交易不可逆转。Danezis 和 Meiklejohn 提出了一种新的分布式加密货币,并将其称为 RSCoin,其中央行完全控制硬币的供应,以防止双重支出。

(2) 采矿保护

矿工在采矿过程中攻击其他方可能会减少其他方或整体利益。Yang 等人将两个矿工之间的博弈视为矿工博弈。无论自私矿工的策略如何,当一个诚实的矿工采用钉扎策略时,其都可以单方面将收益设置为 0 到 $r/2-c$ ($c$ 是计算能力,$r$ 是利润的扩展)。自私矿工的收益与 $r$ 成正比,但与 $c$ 成反比。即使使用零行列式策略的任何子类,诚实的矿工也无法控制自己的收益。

Miller 等人提出了一种挖掘机制,其中挖掘池的成员之间相互不信任,但会恶意提交密码证书来彰显他们所做出的贡献。比特币的共识机制中,随机数的值是根据一定的规则确定的,以保障比特币的持续输出。此机制可以改善网络的分散性,降低 51% 的攻击风险。Gervais 等人分析了 PoW 共识机制的各种参数,并设计了双花攻击和自私采矿的最佳对策。

## 2.5 本章小结

本章基于区块链底层技术架构,系统性地研究了数字货币系统中的数据隐私与安全保护问题。首先,深入解析了区块链的核心数据结构与网络拓扑特征。然后,针对数字货币系统的数据安全维度,构建了三维分析框架,即隐私性、可用性、一致性。最后,基于威胁分析,提出了对应的分层防护体系。

# 第 3 章
# 区块链数字货币用户身份识别研究方法

本章主要介绍基于地址关联的区块链数字货币用户身份识别的相关研究方法,首先分析区块链数字货币系统的匿名性,然后介绍基于地址关联的区块链数字货币用户识别机理与模型相关研究、常规交易模式下的区块链数字货币用户识别方法、混币交易模式下的区块链数字货币用户识别方法,以及链上与链外多数据融合的区块链数字货币用户识别方法。本章以比特币系统和 Coinjoin 为例进行阐述。

## 3.1 比特币系统匿名性分析

比特币系统的底层区块链技术、比特币地址以及混币技术使比特币具有良好的匿名性,本节从比特币地址以及混币技术分析比特币匿名性。

### 3.1.1 比特币地址匿名性分析

在比特币系统中,用户使用比特币地址作为账号进行比特币交易。比

## 第3章 区块链数字货币用户身份识别研究方法

特币地址由26~34位的字母和数字构成,它如同银行账号,但是不关联用户身份,具有良好的匿名性,从而给比特币的身份识别和追踪带来难度。

(1) 比特币地址生成原理

比特币地址由公钥和私钥生成,公钥和私钥以密钥对的形式存储在比特币用户的钱包中。公钥用于接收比特币;私钥用于消费比特币,即转出比特币。私钥($k$)经过椭圆曲线算法和哈希函数作用后生成公钥($K$)。公钥($K$)使用SHA256和RIPEMD160算法计算得到20 B(160 bit)的比特币地址($A$),如公式(3.1)所示。

$$A = \text{RIPEMD160}(\text{SHA256}(K)) \tag{3.1}$$

比特币系统采用Base58Check或Bech32编码算法对地址($A$)进行编码和检验。首先,增加用来识别数据的版本前缀(prefix);然后,再对版本前缀和数据(data)进行双哈希运算,生成4 B的校验和(checksum),如公式(3.2)所示。最后,得到的结果包含前缀、数据和校验和,整体过程如图3.1所示。

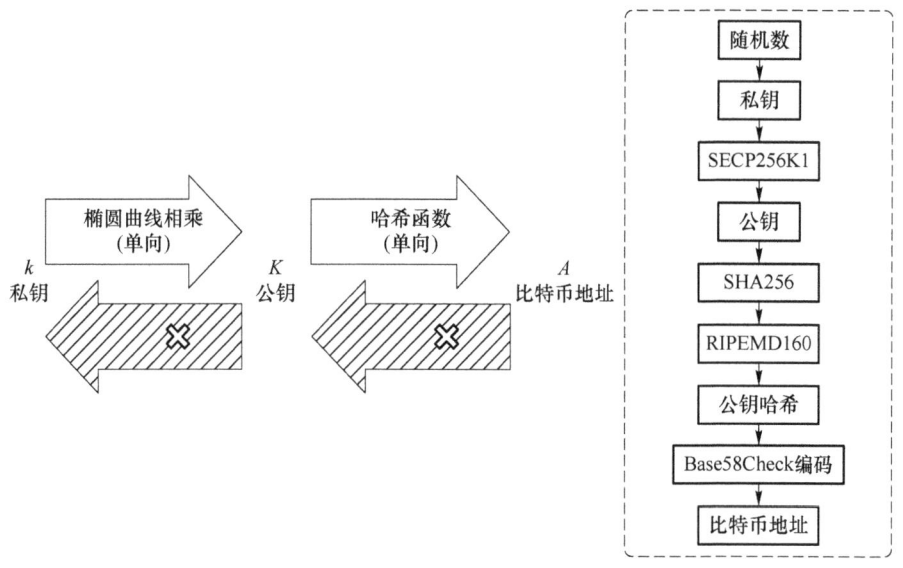

图3.1 传统的比特币地址生成示意图

$$\text{checksum} = \text{SHA256}(\text{SHA256}(\text{prefix} + \text{data})) \tag{3.2}$$

(2) 比特币地址与身份无关

比特币地址是比特币用户进行交易时使用的账户(也称为假名)。比特币系统生成地址的过程中不关联用户身份信息且经过了一系列的加密处理,导致外界无法获取或分析比特币地址的真实归属。比特币地址匿名性可以总结为以下 3 点:

① 比特币地址的生成过程和参与交易的过程中无须关联身份,因此,外界无法从地址本身获取用户身份信息;

② 比特币用户拥有地址的数量不受限制且这些地址之间无直接关联,可以使用任意数量名下地址参与交易,交易的对象可以是其他用户的地址也可以是自己的地址;

③ 比特币用户拥有的比特币分散在若干个地址中,外界无法确定该用户真实拥有的比特币的数量。

(3) 比特币地址分散

比特币系统拥有强大的地址空间,地址对应的私钥空间数值为 $10^{77}$,这个数字大到可以与可见宇宙所含原子个数 $10^{88}$ 相比拟,因此,比特币地址出现碰撞的概率极低。如前所述,比特币系统支持用户拥有若干个地址,而且支持使用不同的地址参与不同的交易,这样导致用户拥有的比特币会分散到若干个地址中进行流通。这种特性增强了地址的匿名性和交易的模糊性,从而加大了分析人员通过分析区块链数据来获取比特币地址身份信息的难度。

(4) 比特币系统不依赖第三方机构

比特币系统是一个自治的系统,比特币的产生和交易均无第三方机构参与。从另一个角度说就是没有第三方机构真实掌握比特币系统及其数据,只能通过数据分析获取比特币背后的数据,但这种通过分析获得的数据不具备绝对的真实性,因此增加了对比特币监管的难度。然而,比特币社区和各国政府对比特币持有两种不同的观点：

① 比特币的自治能力，无须国家政府支持；

② 希望比特币能够成为国家政府承认的法定货币参与流通。

上述两种观点的出发点和立场不同。但是，如果国家政府不支持，则比特币的推广会有极大的难度。

### 3.1.2 混币技术匿名性分析

**1. 混币原理**

比特币系统将交易等数据通过区块链进行全网公开的特性必然会导致用户和交易等隐私的泄露。因此，为满足各种需求，研究人员针对比特币系统研发了各种保障隐私的机制。现有的研究中，混币或称为交易混合的方法是一种常见且隐私效果保护良好的方式。混币通过混合多个用户的比特币或多个用户的交易来混淆比特币的流通情况和交易过程，使分析人员直接使用常规交易的分析方法的话无法分析出用户和交易等隐私信息，从而保障了用户和交易的隐私。混币的思想源于 Chaum 提出的匿名通信技术，通过公式(3.3)隐藏通信内容。

$$\mathrm{CM}(Z_1, \mathrm{CA}(Z_0, m), \mathrm{addr}) \rightarrow \mathrm{CA}(Z_0, m), \mathrm{addr} \quad (3.3)$$

在公式(3.3)中，发送方将左侧的信息发送给右侧的接收方地址 addr。为了保障发送信息的隐私性，发送方使用接收方的公钥 CA 将待发送的信息($Z_0$ 和数字签名 $m$)进行加密，获得 $\mathrm{CA}(Z_0, m)$，再使用中间的公钥 CM 将中间人的校验信息 $Z_1$，$\mathrm{CA}(Z_0, m)$ 和 addr 进行加密，获得 $\mathrm{CM}(Z_1, \mathrm{CA}(Z_0, m), \mathrm{addr})$；发送方将上述加密后的信息发送到中间人，中间人使用自己的私钥进行解密，得到 $Z_1, \mathrm{CA}(Z_0, m), \mathrm{addr}$，在验证 $Z_1$ 有效后，将 $\mathrm{CA}(Z_0, m)$ 发送给地址 addr；接收方收到 $\mathrm{CA}(Z_0, m)$ 并使用自己的私钥将其解密，以及用

数字签名 $m$ 验证信息的有效性。该方法通过增加中间人传递信息,混淆了传递过程,增加了攻击者识别发送方和接收方的难度,而且难度会随着中间人的数量增加而增加。

混币机制借鉴了上述匿名通信的方法,在比特币转账的过程中增加了中间人环节,从而混淆了真正参与交易的双方。假设有一组用户 Alice、Bob 和 Mike,每个用户恰好拥有一枚比特币。在最简单的形式中,混合是在可信的混合服务器的帮助下完成的,每个用户以加密的形式向混合服务器发送一个新的地址,并将其比特币转移到混合服务器中。然后,混合解密并随机打乱新地址,将比特币发送回每个新地址,这样其他人就无法掌握这些比特币的来源了。

**2. 混币方法**

在数字货币领域中,混币机制按照参与方分类,主要分为基于中心化和去中心化的混币方法;按照共享方式分类,主要分别共享比特币和共享发送的混币方法。共享比特币的方法一般需要一个中介服务机构才能完成,而共享发送的方法则不需要中介机构。因此,一般意义上,共享比特币的方法即为基于中心化的混币方法,而共享发送的方法即为去中心化的混币方法。

(1) 共享比特币的混币方法

需要混币服务的用户将比特币发送到一个中介服务机构的账户中,经过一段时间后,中介服务机构将其他可用的比特币发送到收款人的地址。中介服务机构的发送和接收的过程通常分若干个交易来完成,客户端需要信任中介服务机构。另外,如果操作成功完成,则几乎不可能跟踪发送地址和接收地址之间的链接。共享比特币服务一般由交易所提供服务,而是否需要注册则取决于所需的匿名程度。目前,很多机构提供此项服务,如 Bitcoin Fog、Bitlaunder。

此类混币方法存在一定的缺陷,主要包括以下 4 点:

① 需要混币服务费用:该类混币方法的安全性取决于用户付出的混币服务费用,而且安全系数要求越高则混币服务费用就越昂贵。

② 混币延迟:一般情况下,该类混币方法存在 48 h 左右的时间延迟,会给急需使用比特币的用户带来不便。

③ 盗币风险:当用户将比特币发送到中介服务机构后,由于缺乏制裁措施,用户的比特币存在被中介服务机构吞掉的可能性。

④ 隐私泄露:该类混币服务由中心机构完成,中心机构掌握了混币过程中的信息,不诚实的中心机构有可能会将混币信息泄露出去。

针对上述缺陷,许多学者提出了有效的解决方案。Bonneau 等人提出了具有审计功能的 Mixcoin 方案,该方案可以使用户审计中心机构提供的混币服务。Valenta 和 Rowan 提出了 Mixcoin 的改进方案 Blindcoin 方案,该方案采用盲签名技术保障参与混币服务的用户的隐私。Shen 和 Yu 提出了基于椭圆曲线盲签名的混币方案,以提高参与混币用户的匿名性。

(2) 共享发送的混币方法

一般情况下,共享发送的混币方法需要混币的若干个用户自行分组,共同参与某个交易,并在此交易中混合比特币,一小部分发送者和接收者可能是已知的,但是并不清楚这些比特币是如何在他们之间分配的,因此在混币的过程中不需要中心机构。现有的研究共享发送混币服务的成果相对于共享比特币的来说就更少。Gregory Maxwell 提出了第一个公开的共享发送算法 Coinjoin 以及多级混合算法 Coinswap。这些算法的核心思想是将多个用户的多个交易合并成一个交易,混淆交易输入和输出的关联关系,从而导致分析人员无法使用原有的区块链数据方法进行有效的识别地址身份。此类混币方法也存在一定的缺陷,主要包括以下 4 点:

① 可能需要中心机构帮忙寻找或协调混币用户,同时也会面临共享比特币的混币方法的威胁。

② 多个混币用户之间缺乏有效的隐私保护机制。

③ 参与混币的用户可能会违反混币规则,导致恶意用户发起拒绝服务攻击。

④ 混币交易虽然难以识别,但是其交易记录会存储在比特币区块链中。

针对上述缺陷,许多学者提出了有效的解决方案。Ruffing 等人提出了 CoinShuffle 混币方案,该方案完全不依赖中心机构且参与交易的用户无法得知各自的信息,具有良好的隐私保护效果。但是该方案要求参与的用户同时在线完成混币交易,将导致拒绝服务攻击的威胁。Bissias 等人提出了多轮混币 Xim 方案,该方案通过增加攻击者的代价来防范拒绝服务攻击。Ziegeldorf 等人提出了 CoinParty 混币方案,该方案采用安全多方计算消除部分恶意用户带来的威胁。门罗币(Monero)采用环签名的方式实现混币,该方案不需要多用户协商即可实现混币,因此,有效地消除了隐私泄露和拒绝服务攻击带来的威胁。

## 3.2 区块链数字货币用户身份识别方法

国内外学者和研究机构对识别比特币匿名机制的相关研究方兴未艾。国际上,乔治梅森大学、苏黎世联邦理工学院、加利福尼亚大学、都柏林大学、以色列魏茨曼科学院、爱荷华州立大学、亚利桑那州立大学等在识别比特币匿名机制方面进行了一定的研究。同时,国内清华大学、复旦大学、上海交通大学、北京理工大学、北京航空航天大学等高等学府也纷纷对区块链匿名机制展开了研究。

区块链数字货币用户身份识别通常利用链上和链外数据对不同的交易模式进行分析识别。常规交易模式下的基于地址关联的身份识别利用公开的区块链交易数据,推测常规交易之间的关联关系及地址之间的关联关系,从而将隶属于相同用户(实体)的不同地址聚合关联起来,而且常规交易在比特币交易中占绝对大的比重。混币交易模式下的基于地址关联的身份识别利用公开的区块链交易数据,从交易中将混币交易识别出来,并进行有效的拆分,推测混币交易之间的关联关系及地址之间的关联关系,从而将隶属于相同用户(实体)的不同地址聚合关联起来。链上与链外数据相结合的地址关联身份识别利用链上交易时间戳、交易金额和交易地址,以及链外获得的地址身份数据,从而更加准确地分析地址身份信息。

## 3.2.1 基于地址关联的用户身份识别机理与模型

现有的比特币用户身份识别原理按照分析链上数据、分析人员主动参与交易和分析链外数据3个方面进行综述。

(1) 分析链上数据

Reid 和 Harrigan 首先对比特币的匿名性和隐私性进行了分析。他们将区块链数据预处理为交易网络和用户网络,并对这两个网络进行分析处理而得到其中的关联关系,这两种网络结构在后来的研究中也得到了广泛的应用。在交易网络中,比特币表示交易之间随时间的流量;在用户网络中,比特币表示用户之间随时间的流量。一些学者就此方面做了进一步研究,这些研究主要分析交易的输入和找零地址之间的关联规则。

(2) 分析人员主动参与交易

Meiklejohn 等人使用了参与交易的方法,并将其命名为再识别攻击。他们的方法是通过开设账户,从 Mt. Gox 和 Silk Road 等知名比特币商户、服务提供商或黑市购买比特币,然后将购买的比特币用于实际的交易中并进行追踪。交易亦可用于了解混合服务的运作模式,通过跟踪执行的交易,可以检查这些服务匿名化的有效性。Möser 等人选择了 Bitcoin Fog、BitLaundry 和 blockchain.info 3 种混合服务器并向其发送比特币,以及使用该方法对区块链的调查账户进行分析追踪。他们发现 Bitcoin Fog 和 blockchain.info 在匿名方面取得了成功,但是其能够链接 BitLaundry 的输入和输出交易。

(3) 分析链外数据

Reid 和 Harrigan 利用公开捐赠网站发布的与捐赠相关的 IP 地址、比特币地址以及其他捐赠信息,并将其映射到交易所。Ron 和 Shamir 对 WikiLeaks 公开宣传的一个捐款地址进行研究发现,该筹款集团拥有至少 83 个地址,涉及至少 1 088 笔交易,这些地址的总余额为 2 605.25 枚比特币。Ortega 编写了将比特币地址与用户在论坛上提供的信息联系起来的脚本,并在两周内从比特币论坛 Bitcoin Talk 收集了 4 000 个比特币地址。Meiklejohn 等人从 blockchain.info 的地址标签中收集了超过 5 000 个地址,这些地址来自比特币论坛的用户签名以及自提交的标签。Biryukov 等人利用比特币节点的数据,这些数据每 5 min 生成一个运行比特币服务器的列表,以估计入口节点离线的概率。然而,随着区块链技术的不断发展,在研究该方面时需要综合考虑多方要素,关联链上和链外多方数据源,搭建基于地址关联的用户身份识别的全面模型,从而为相关研究提供指导。

## 3.2.2　常规交易模式下的用户身份识别

常规交易模式不考虑混币交易,常规交易在比特币的所有交易中占绝对比重。现有的研究成果主要集中在研究交易的输入地址和找零地址的关联关系。

(1) 多输入交易地址启发式聚合关联

Reid 和 Harrigan 首先使用了多输入交易地址启发式关联。他们使用 1 253 054 个比特币地址中的 1 019 486 笔交易构建了用户网络。在预处理之前,用户网络由 1 253 054 个节点(实际上是比特币地址)和 4 929 950 条边(实际上是交易)组成。在预处理之后,假设一个多输入交易的输入地址属于同一用户,用户网络减少到 881 678 个节点和 1 961 636 条有向边。Ron 和 Shamir 也使用了这种启发式,并认为这种方法中可能存在两种错误类型:

① 由于没有证据,无法检测出属于同一用户的地址,这将导致估计错误过低,而估计错误的数目将相当多;

② 如果若干个用户参与输入相同的多输入交易,则某些地址可能被错误地链接,导致错误率过高,但这种错误并不常见。

例如,分析人员试图使用所有可用交易来合并特定大用户的地址,但是只能大约识别出此用户真实地址的四分之一。此外,他们将原始交易图重命名为地址图,将交易图重命名为实体图。在分析的 3 730 218 个比特币地址中,有 3 120 948 个是至少一笔交易的发送者,但其余的 609 270 个只是接收者。分析人员使用了一种改进的 Union-Find 图形算法来查找及预计由同一用户拥有的地址集,并将 3 120 948 个地址组合成了 1 851 544 个不同的用户。在添加了剩余的 609 270 个地址之后,他们总共获得了 2 460 814 个实体。Fleder 等人、Spagnuolo 等人、Baumann 等人、Lischke 和 Fabian、Brugere、Dupont 和 Squicciarini,以及 Zhao 等人也使用了与 Reid 和 Harrigan 类似的技术。Kaminsky、Möser 等人表示他们接受这种方法,并表示交易中的所有输入地址都属于同一个用户,具有很高的确定性。

(2) 找零地址启发式聚合关联

Reid 和 Harrigan 研究发现,使用特定的客户机创建交易,如果可以访问客户机的源代码,那么就可以发现哪个是输出地址,哪个是找零地址,然后找零地址可以链接到创建交易的用户。但是他们在实验中只使用了多输入交易。Kaminsky给出了一个示例交易,并指出其中一个输出可能属于拥有该交易输入地址的用户。Androulaki等人首先使用了这一启发式。Ortega假设在许多交易中使用小额的输出作为找零输出,并指出的这个假设并不总是正确的,但为最接近的一种情况。Meiklejohn等人假设交易存在一个找零地址,仅有一个输入地址,并查看每个交易的输出地址。如果只有一个输出地址,则符合这个假设,将该输出标识为找零地址。如果存在多个输出地址和仅有一个输入,那么这使得找零地址变得模糊,因此避免为该交易标记找零地址。他们通过分析真实的比特币数据,进一步完善了他们的方法。如果一个交易的输出之前只接收到一个输入,或者曾经在一个自我找零交易中使用过(即输入地址也用作找零地址),则选择不为该交易分配找零地址。通过这种方法,他们获得了3 383 904个集群,其中的2 197个集群能够被识别,这些集群由180多万个地址组成。与手工标记方法相比,该方法具有较高的识别效率。Spagnuolo等人把找零地址称为影子地址,除了使用多输入交易,也使用了找零地址启发式,并将使用多输入交易启发式获得的2 432 834个用户集群减少到了2 169 115个,集群地址的比例从60%增加到90%。Zhao等人和Nick将找零地址方法与多输入方法结合使用。Nick介绍了两种检测找零地址的方法,并将它们命名为消费者启发式和最优找零启发式。Neudecker和Hartenstein除了多输入启发式外,也应用了找零地址启发式的变体。他们获得的用户数量从4 600万到7 200万不等。Möser等人通过在交易图中识别比特币地址的例子表明了他们接受这种方法。他们提到交易通常有两个输出,即实际输出和找零输出。这表明其中一个输出属于拥有该交易的输入地址的同一用户,并且小额的输出最有可能是找零输出。虽然Ron和Shamir也提到了找零地址,但是他们没有提到这些信息可以用来链接地址。Ferrin 指出,交易线索可用于检测找零地址,并提供指示符来显示哪些输出可能是消费输出,哪些输出可能是找零输出。

然而,随着比特币交易数量和交易种类的不断激增,用户地址之间的关联程度复杂性不断提高,需要细化关联规则,以实现全面的地址聚合关联。

### 3.2.3 混币交易模式下的用户身份识别

现有的研究成果主要研究常规交易模式下比特币系统的匿名性,揭示混币交易隐私行为的研究成果较少。而且混币交易隐私研究主要集中在研究共享比特币的混币服务的隐私行为,即揭示混币中介服务机构的混币行为。Möser 等人和 Chan 等人选择了 Bitcoin Fog、BitLaundry 和 blockchain.info 3 种混合服务器并向其发送比特币,以及使用该方法对区块链的调查账户进行了分析追踪。他们发现 Bitcoin Fog 和 blockchain.info 在匿名方面取得了成功,但是其能够链接 BitLaundry 的输入和输出交易。Balthasar 等人研究了 DarkLaunder、Bitlaunder 和 CoinMixer 混币服务商以及 Alphabay 和 Helix 混币服务,他们利用交易图的分析模式发现了现今流行的比特币混币服务商或混币服务使用了固有的交易模式。因此,根据发现的交易模式,可以挖掘使用了混币服务的用户及其参与混币交易的比特币的流向。另外,这些典型的混币服务商虽然存在若干个安全问题,但是用户向混币服务商交纳的混币服务费的金额不同,享受到的安全级别也不同。对于安全级别较高的混币服务,除非中介服务机构披露,否则很难揭示其隐私行为。然而,现有的研究共享发送混币服务的成果相对于共享比特币的来说更少。

Gregory Maxwell 提出了第一个公开的共享发送算法 Coinjoin 以及多

级混合算法 Coinswap。Bonneau 等人提出了一种多步协议 Mixcoin,是对 Coinjoin 的一种技术改进,该协议描述了多步随机密钥调度算法,其提出的算法与额外属性结合,使参与混币服务的用户不知道比特币的来源。Atlas 指出利用交易的输入和输出金额指出 Coinjoin 创建的交易可以被分解,但并未进行详细阐述和验证。

## 3.2.4 链上与链外多数据融合的比特币用户身份识别

现有的链上与链外数据相结合的研究成果主要集中在利用用户公开的比特币相关数据进行身份关联或进一步分析。

Reid 和 Harrigan 利用公开捐赠网站将 IP 地址、公钥信息和赠礼信息发布,例如,Bitcoin Faucet 和 Bitcoin Talk 上自愿公开的比特币地址。他们利用非网络信息,查明了与据称盗窃了 25 000 枚比特币有关的一些实体。他们还表示,比特币交易所的订单簿可以将比特币地址和交易映射到交易所。链接用户地址的功能虽然不会显示用户的身份,但是如果链接中的一个地址与导致用户身份的外部信息相结合,则用户的所有活动都将被公开。Ron 和 Shamir 给出了如下的例子:WikiLeaks 公开宣传了它的一个用于捐款的地址,Ron 和 Shamir 估计至少有 83 个地址属于 WikiLeaks,至少涉及 1 088 笔交易,这些地址的总余额为 2 605.25 枚比特币。

Ortega 编写了将比特币地址与用户在论坛上提供的身份信息进行链接的脚本。他在两周内从受比特币用户欢迎的 Bitcoin Talk 上收集了 4 000 个比特币地址。在这个论坛中,用户可以声明一个真实世界的位置和一个比特币地址。Ortega 将这 4 000 个比特币地址分配给了 1 825 个不同的用户(实体),因为有些用户(实体)在他们的帖子中包含了几个不同的地址。Meiklejohn 等人从 blockchain.info 的地址标签中收集了超过 5 000 个地址。

blockchain.info 收集了用户在比特币论坛签名中提供的地址以及用户自己提交的标签。此外,他们还搜索了比特币论坛,并利用这些数据进行相关研究。

Fleder 等人从比特币论坛中提取比特币地址,并在不到 30 h 的时间内成功检测出 2 322 个拥有 2 404 个地址的用户(实体)。此外,他们还通过检查区块链中的每一笔交易进行地址的用户(实体)识别。在此之前,他们获取了关于交易时间和价值的粗略信息,然后通过不同的交易金额来创建时间和价值窗口进行关联分析。Spagnuolo 等人开发了一个开放的区块链分析系统 BitIodine,其使用一组 WEB 抓取器自动收集并更新属于已知身份的比特币地址列表。其中抓取的信息来自 Bitcoin Talk 和 Bitcoin OTC 的签名和数据库信息,Casascius 创造的实物比特币的信息,被 Bitcoin Talk 和 Bitcoin OTC 证实的骗子信息,已关闭的股票交易所 BitFunder 的信息,以及 Mt. Gox 交易所的历史交易数据。BitIodine 在研究中对几个真实的用例进行了测试,比如识别可能属于 Silk Road 的地址或者 CryptoLocker 的勒索地址。

Baumann 等人从 blockchain.info 网站获取了属于比特币地址的 IP 地址信息。他们用这种方法将 Mt. Gox 拥有的比特币地址链接起来。然而,他们注意到许多 IP 地址不能与真正的用户直接关联,因为它们只是在进入区块链之前暴露了与最后一个网关有关的信息。Bitnodes 被认为是获取未使用托管服务的用户信息的来源。Biryukov 等人使用比特币网络节点的数据,该数据每隔 5 min 生成一个运行比特币服务器的列表,以估计进入节点离线的概率。Lischke 和 Fabian 从 blockchain.info 和 ipinfo.io 两个网站收集 IP 地址数据。ipinfo.io 提供关于地理位置、主机名或与 IP 地址相关的组织信息。他们收集了超过 223 000 个不同的 IP 地址,这些地址被用在大约 580 万笔交易中。同时,他们也从其他的来源获取了 IP 地址信息,例如,

torstatus.blutmagie.de、dan.me.uk/torlist、vpngeeks.com/proxylist 以及 Mt.Gox 每日的交易数据。然而,这些链外数据需要与链上数据全面结合,才可进行更加准确地比特币用户身份识别。

## 3.3 本章小结

本章主要分析比特币系统的匿名性,以及综述了现有的基于地址关联的比特币用户识别机理与模型研究,常规交易模式下的比特币用户识别方法,混币交易模式下的比特币用户识别方法,以及链上与链外多数据融合的比特币用户识别方法。

# 第 4 章
# 区块链数字货币用户身份识别机理与模型

本章以比特币系统为例,研究比特币协议和交易特征,明确用户身份识别的影响因素和可行性,分析用户身份识别机理。利用区块链上数据(交易地址、交易金额、交易时间戳)和链外数据(用户公开的身份相关信息),设计用户身份识别框架模型。该模型用于解决用户身份识别判定规则不全面,混币技术混淆了原有的交易机制、身份识别依赖的数据源单一导致的召回率和准确率低的问题。最后介绍本章所使用的实验环境和测试数据集。

## 4.1 引　　言

本章研究的比特币用户身份识别是指将同一用户(实体)持有的匿名地址识别出来,明确匿名地址与对应用户(实体)的归属关系。比特币在区块链上使用一个基于公钥的匿名地址作为假名来实现用户之间的交易。为了实现匿名交易,比特币系统允许用户自由生成多个匿名地址,以及使用不同的地址来减少单个地址带来的弱隐私的交易特性,而且比特币可以由任何用户转账给任何地方的其他用户(包含本人的其他账户)。基于此,比特币可能被用于一些非法行为和黑市交易,如购买枪支和毒品。因此,识别比特币用户身份对于比特币的规范使用显得尤为重要。

在基于比特币地址关联关系的用户身份识别技术中,可以利用公开的比特币的链上交易数据和链外用户暴露的比特币身份相关数据,挖掘出匿名地址与用户(实体)的归属关系。也就是将交易网络中属于同一用户(实体)的地址识别出来并归属于这个用户(实体),从而建立用户(实体)与其地址的映射关系。现有的相关研究主要分为三类。

(1) 分析链上数据

由于整个比特币交易数据通过区块链进行公开,所以比特币地址之间流通的比特币是可以追踪的。区块链数据可以使用比特币客户端进行采集,被解析之后获得可以分析的交易数据。通过分析比特币交易的输入地址、找零地址,以及交易行为来聚合预期属于同一用户(实体)的不同比特币地址。

(2) 分析人员主动参与交易

通过与其他用户进行交易(如购买商品或服务)来获取对方的比特币地址,即买方必须知道卖方的比特币地址才能付款给卖方。因此,如果卖方想收到付款,就必须分享其比特币地址。所以分析人员可以充当买家参与交易,或使用有标记的比特币,或经营洗钱服务来了解比特币地址的归属。

(3) 分析链外数据

通过获取外部(比特币网络和区块链之外)公开可用的数据,可以帮助发现比特币地址归属者的身份。例如,捐赠网站会包括与比特币地址相关的数据,某些用户自愿在论坛上公开自己的比特币地址。

但是,在目前的研究中存在如下问题:

① 对于分析区块链数据的方法可能存在的两种错误类型:第一种,由于没有证据,无法检测到属于同一用户(实体)的某些地址,这将导致低估错

误;第二种,如果若干个用户参与输入相同的多输入交易,则某些地址可能被错误地链接,这会导致高估错误。

② 对于分析人员主动参与交易和利用链外数据的方法,需要结合其他方法(如上述提到的分析区块链数据的方法)才能获得参与交易的地址与其他地址的关联关系。

③ 比特币用户身份识别模型包含的要素不够全面,不能综合利用全面的要素对比特币用户的身份进行判断,从而缺乏系统的、全面的身份识别模型来指导相关研究。

为了解决上述问题,本章的主要内容是分析全面且准确的用户地址身份识别机理和方案,研究系统的、全面的身份识别模型来指导相关研究,挖掘不同场景和多数据源相结合的全面关联规则,弥补现有研究的不足,从而实现用户与其地址集合的关联画像。本章的主要内容为:

① 研究比特币地址身份识别机理,明确用户身份识别的影响因素和可行性。本章通过分析比特币的协议和交易特征,挖掘交易的输入地址和输出地址的内在关联,再结合链外数据实现比特币用户的画像。

② 研究比特币地址身份识别模型,为用户身份识别提供研究思路。本章通过分析比特币地址身份识别的机理,全面概述比特币地址身份识别的关键要素,并将这些关键要素进行有机结合、归纳、总结,以得出比特币地址身份识别的框架模型。然后将模型中的关键要素进行定义,以供后续章节使用。

③ 研究链上交易数据和链外用户身份相关数据的收集方法。链上和链外数据的收集是后续各章节研究的基础,因此本章将给出收集方法,以及介绍本书使用的软硬件环境和已获得的数据集。

## 4.2 相关工作

现有比特币用户身份识别研究主要从链上数据分析、主动交易介入及链外数据挖掘 3 个维度展开综述：

(1) 链上数据分析

Reid 与 Harrigan 开创性地对比特币匿名性与隐私特性展开了研究，提出将区块链数据抽象为交易网络与用户网络的双层分析框架。其中交易网络表征时间序列上的资金流向，用户网络则映射实体间的交互关系。该模型为后续研究奠定基础。后续学者聚焦于交易输入与找零地址的关联规则挖掘，并通过分析交易拓扑结构揭示潜在的身份关联特征。

(2) 主动交易介入

Meiklejohn 等提出再识别攻击方法，通过向 Mt. Gox、Silk Road 等典型交易平台开设账户并参与实际交易，追踪资金流向以破解匿名性。此类方法亦被用于评估混币服务的有效性。例如，Möser 等通过向 Bitcoin Fog、BitLaundry 及 blockchain.info 发送测试交易，发现 BitLaundry 存在输入输出交易可链接性漏洞，而其余两者则具备较高的匿名化能力。

(3) 链外数据挖掘

研究者通过整合公开链外信息，增强身份识别精度。Reid 等利用捐赠网站披露的 IP 地址、比特币地址及交易记录构建交易所映射关系。Ron 与 Shamir 基于 WikiLeaks 公开募捐地址溯源出包含 83 个关联地址的集群，涉及 1 088 笔交易及 2 605.25 枚比特币资产。Ortega 通过开发脚本，将论坛用户信息与地址关联，并在两周内采集了 Bitcoin Talk 平台上的 4 000 余地址。Meiklejohn 团队则从 blockchain.info 标签及用户签名中提取超过

5 000个地址。Biryukov等进一步利用比特币节点数据估算服务器离线概率,拓展链外分析维度。

当前研究趋势强调多源异构数据的协同分析,需构建融合链上交易模式、主动介入实验与链外社会信息的统一身份识别模型,以系统性指导优化匿名性评估与隐私保护技术。

## 4.3 研究动机

截至2025年2月,比特币的市值达到1.317万亿美元,成为全球市值排名第九的资产。然而,区块链技术的匿名化特性使比特币交易具有交易双方匿名性、生成地址分散性、协议通信去中心化的特性,与传统金融交易系统在存储结构、交易模式、身份验证等方面都有着显著区别。这些特性为很多非法活动提供了温床,如比特币勒索病毒、毒品交易、恐怖活动募资、洗钱等。因此,比特币地址身份识别的相关研究对比特币的规范使用尤为重要。比特币区块链具有的如下特性使比特币用户身份识别成为可能。

(1) 开放的比特币区块链数据

交易数据是比特币用户身份识别的有力基础数据。比特币交易数据公开在被称为区块链的全球账本上,调查人员或分析人员不需要任何许可便可以获得交易数据。

(2) 比特币地址的匿名性

虽然比特币地址是匿名的,但是比特币的交易被串联地记录在区块链上,因此比特币是可以被追踪的。比特币的可追踪特性可以帮助识别不法行为。例如,执法部门可以通过监测可疑的比特币地址的交易行为来评估其为非法行为的可能性,从而避免或减少非法行为的发生。"丝绸之路"就是一个典型的例子,美国禁毒署前特工 Carl Forceliy 利用职务之便与海盗"罗伯茨"通过比特币进行信息的买卖,执法部门利用比特币的此特性对该特工进行了抓捕。

(3) 没有管辖权的限制

参与比特币交易的用户可以位于世界的各个角落,只要能访问比特币区块链,调查人员或分析人员就可以获得比特币链上数据,且没有国界的限制,不必依赖国际合作来寻求信息。

## 4.4 基于地址关联的用户身份识别机理

在比特币系统中,用户使用匿名地址作为账号进行交易,而且支持用户在每次交易中使用不同的地址。因此,同一用户的交易信息将分散在不同的匿名地址中,这使得用户的信息难以通过分散的交易数据直接获得。然而,由资金流通而产生的交易之间的关联中往往蕴藏着用户匿名地址之间的关联关系。因此,分析人员可以从公开的交易数据中挖掘出大量的隐藏信息。基于地址关联的用户身份识别机理主要是从比特币地址在交易过程中的内在联系进行分析的,再加之链外公开的多数据源进行佐证,从而确定用户与地址的关系。由于比特币地址不关联用户的身份信息,关联结果可能存在一定的误差。

比特币地址作为用户账户,是交易过程中的关键要素,因为比特币的交易是将比特币从一个或多个账户流通到其他账户。在流通的过程中,比特币作为流通的载体,将比特币的账户,也就是比特币地址串联起来,所以通过研究比特币地址之间的关联关系可以挖掘出比特币地址与用户之间的归属关系。在本节中,通过分析比特币的交易和 UTXO(Unspent Transaction

Output)原理，研究基于地址关联的用户身份识别机理。

## 4.4.1 比特币交易原理

比特币交易通过地址之间的转账来实现。在比特币系统中，交易的地址可以包含多个输入和多个输出，而且根据区块链本身的数据结构可知，比特币交易是可以被追溯的。比特币通过交易的输入地址转移到输出地址，输出地址会再次参与新的交易，形成交易链。因此，比特币在交易链中实现流通，分析人员可以通过分析交易链了解比特币的流向和交易地址的关联关系。

**1. 交易流程**

比特币交易的生命周期包括交易创建、交易传播、工作量证明、交易验证和写入区块链账本，整体交易流程如图4.1所示。

（1）交易创建

交易的输入地址所属用户A利用其私钥对上一笔交易和接收地址所属用户B进行数字签名，并将数字签名放置于比特币末尾。

（2）交易传播

交易的输入地址所属用户A将生成的交易发送到比特币网络，经过共识节点确认后记入数据区块。

（3）工作量证明

如前所述，比特币系统的共识机制采用工作量证明的方式，网络中的共识节点通过计算Nonce来获得记账权和比特币奖励。

（4）交易验证

当Nonce值被某个共识节点计算出来后，该节点会将新挖掘的数据区块中的交易广播到比特币网络中，以获取其他节点的验证。

（5）写入区块链账本

需要验证的交易经过比特币网络其他节点验证无误后，记入区块链账本。

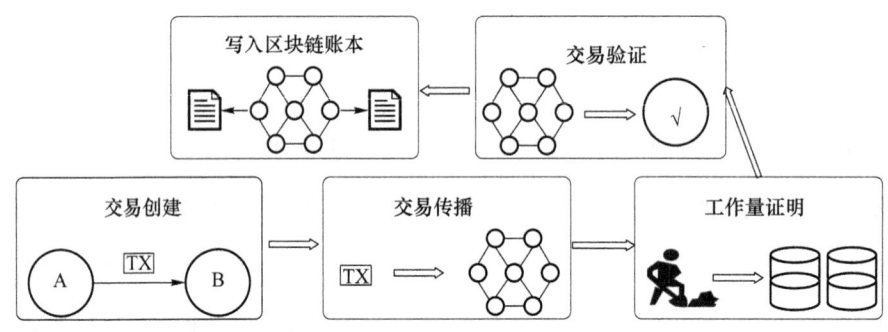

图 4.1　比特币交易流程图

## 2. 比特币交易数据结构

比特币交易是将比特币从付款方用户的钱包转移到收款方用户的钱包。比特币交易以交易链的形式表示，其数据结构如表 4.1 所示。

表 4.1　比特币交易数据结构

| 数据项名称 | 字节数 | 描述 |
| --- | --- | --- |
| version | 4 | 交易应参照的版本规则 |
| tx_in count | 变长 | 输入地址的数量 |
| tx_in | 变长 | 交易的输入 |
| tx_out count | 变长 | 输出地址的数量 |
| tx_out | 变长 | 交易的输出 |
| lock_time | 4 | 时间戳或区块号 |

比特币交易由输入和输出构成，其中，交易的参与者是输入地址和输出地址。比特币交易的过程就是将比特币从输入地址转移到输出地址的过程。比特币交易输出和输入的数据结构分别如表 4.2 和表 4.3 所示。

## 第 4 章 区块链数字货币用户身份识别机理与模型

**表 4.2 比特币交易输出数据结构表**

| 数据项名称 | 字节数 | 描述 |
| --- | --- | --- |
| value | 8 | 用"聪"表示的比特币金额 |
| pk_script bytes | 变长<10 000 | 锁定脚本的字节数 |
| pk_script | 变长 | 实现交易支付输出所需条件的脚本 |

**表 4.3 比特币交易输入数据结构表**

| 数据项名称 | 字节数 | 描述 |
| --- | --- | --- |
| previous_output | 36 | 指向包含准备使用的 UTXO 的交易 |
| script bytes | 变长<10 000 | 解锁脚本的字节数 |
| signature script | 变长 | 解锁脚本 |
| sequence | 4 | 序列号,目前比特未使用到 |

比特币交易输出的过程是创造一定量的用于下次支付的比特币(即 UTXO)的过程,并通过锁定脚本进行锁定。交易输入的过程是通过解锁脚本将 UTXO 进行消费的过程。

**3. 比特币交易类型**

交易类型分为挖矿交易(Coinbase Transaction)、合成地址交易(Script Hash Transaction)、常规地址交易(Pubkey Hash Transaction)。

① 挖矿交易:交易由矿工挖矿创建,挖出的比特币作为奖励回报给矿工,所以该交易没有输入,只有输出。

② 合成地址交易:交易的输出地址是由若干个公钥组合而成的地址(即合成地址,地址以"3"开头),该地址中的比特币可以事先指定需要几个签名才能对其消费。

③ 常规地址交易:交易是普通意义上的交易,没有经过加工或变换。

## 4.4.2 比特币 UTXO

未经花费的交易输出 UTXO 是比特币交易的基本单位,不能再次分割。比特币的 UTXO 集合包含所有的 UTXO,因此,交易的发生会引起 UTXO 集合的变化,如图 4.2 所示。

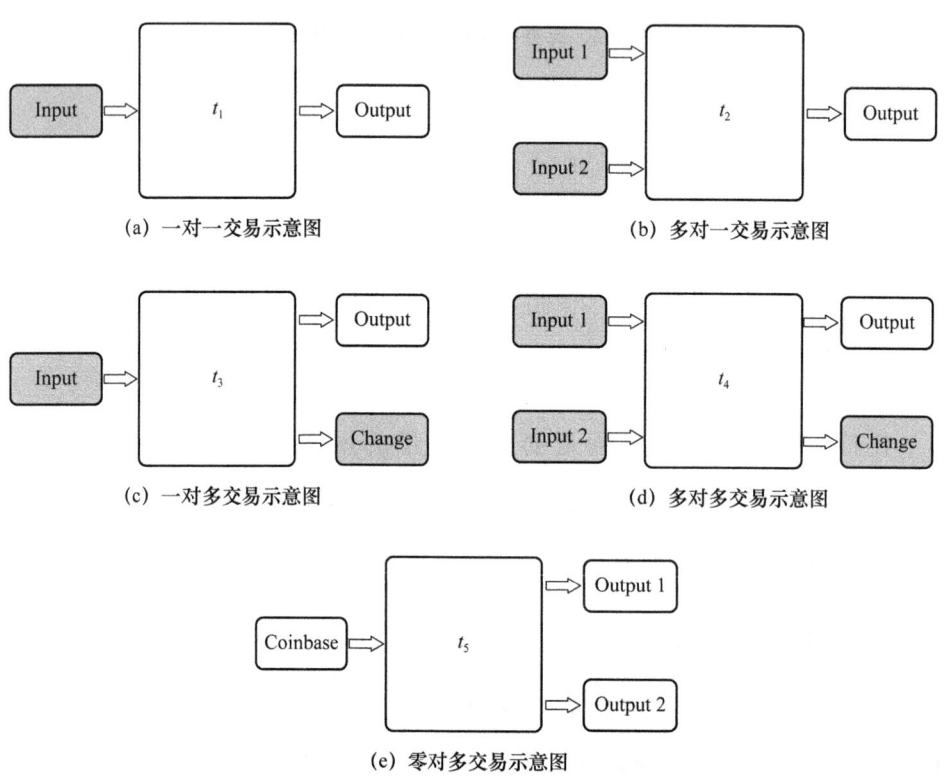

图 4.2 按照地址数量交易分类示意图

比特币用户钱包的余额就是可以使用的 UTXO 的总额。当用户的钱包收到或支出比特币时,钱包里的 UTXO 就会发生变化。由于比特币的 UTXO 是不可再次分割的价值单元,因此,每一个 UTXO 将作为一个整体,参与比特币交易,即不管 UTXO 的比特币数额是多少,都会被一次性消费。根据 UTXO 的特性,将会出现以下 3 种情况:

① 交易所需的比特币的金额小于一个UTXO包含的金额时便会找零，即系统会把找零放回用户的钱包以供用户后续使用，如图4.2(c)所示；

② 交易所需的比特币金额大于一个UTXO包含的金额时，钱包会选取该用户多个可用的UTXO，以拼凑出大于或等于所需金额进行消费，如图4.2(d)所示，从该过程可以看出，比特币交易的过程即为消耗和创建UTXO的过程，消耗即使用用户的签名解锁UTXO，创建即使用新的用户的地址锁定并创建UTXO；

③ 从交易的输入和输出来看，产生比特币的交易（即Coinbase交易）是一种特殊情况，该交易是在挖矿过程中创造出全新的比特币作为奖励付给获得记账权的矿工（矿池），不存在输入，如图4.2(e)所示。

## 4.4.3 比特币地址与用户的关联关系

根据比特币UTXO的运作原理，可以发现交易的输入和输出是存在一定的关联关系的。图4.2(c)和图4.2(d)揭示了一般情况下交易的输入地址和交易的找零地址属于同一个用户（实体）。图4.2(b)和图4.2(d)揭示了一般情况下交易的多个输入地址属于同一个用户（实体）。图4.2(e)揭示了一般情况下Coinbase交易的输出地址属于同一个用户（实体）。由此，我们可以抽象地描述比特币地址与用户之间的关联关系，如图4.3所示，即根据交易的关联关系可以实现地址的聚合，进而挖掘出地址与用户的归属关系。

除此之外，有些用户根据自己的需求（如募捐）在比特币区块链外（如WEB页面）发布自己的比特币地址，这样结合链上数据和链外数据可以更加准确地将比特币地址与用户进行关联。

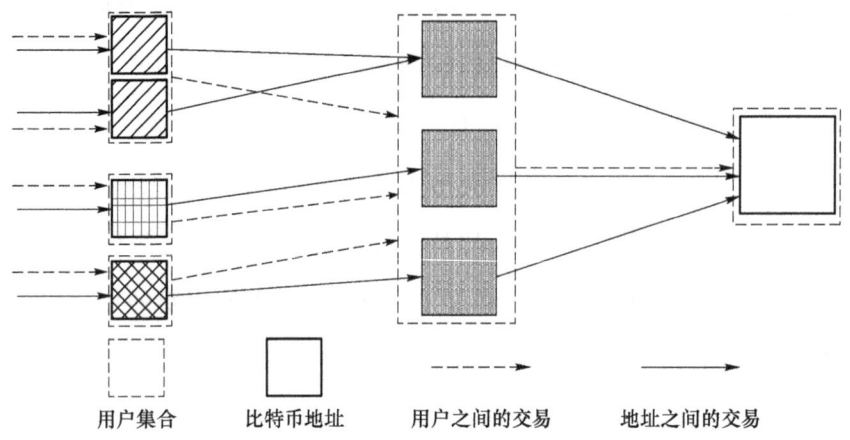

图 4.3　比特币地址与用户关联图

## 4.5　基于地址关联的用户身份识别框架模型

### 4.5.1　系统模型

本节研究基于地址关联的用户身份识别模型,如图 4.4 所示。根据用户身份识别机理,分析、归纳、总结出用户身份识别模型。模型中利用链上数据(交易地址、交易金额、交易时间戳)和链外数据(用户暴露的和身份有关的信息),分析常规交易模式、混币交易模式和链上与链外数据相结合的模式下的地址聚合,进而达到地址身份识别的目标。由于比特币地址和用户身份没有实际关联的证据,因此,在地址身份识别的过程中存在一定的误差。3 种模式下地址身份识别的正确率和准确率是递进关系,这 3 种模式简述如下:

(1) 常规交易模式下的地址身份识别

在常规交易模式下,根据比特币交易的输入和输出地址之间的关联关系，利用启发式聚合关联算法实现地址聚合。该算法研究了4个规则，即Coinbase交易、多输入交易、找零地址和矿池地址聚合关联规则，这些规则可以对同一用户的不同地址进行聚合关联，进而实现用户地址身份识别。

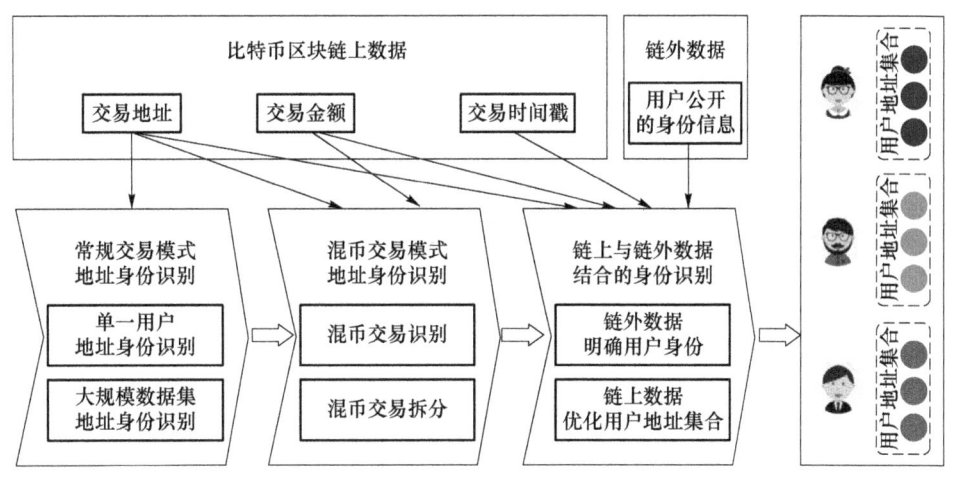

图4.4 基于地址关联的用户身份识别框架模型图

（2）混币交易模式下的地址身份识别

针对部分比特币用户交易采用混币交易模式，地址之间的关联关系受到混淆的问题，以Coinjoin混币协议的共享发送机制为例，根据交易地址和交易规则，研究混币交易模式下地址变换原理，以及混币交易识别和拆分为简单交易的方法，并结合启发式的地址聚合关联算法，进行用户地址身份识别。

（3）链上与链外数据相结合的地址身份识别

所有比特币的交易历史记录都可以通过公共分类账簿区块链获得，但实际地址的所有者虽然并不为人所知。然而，一些地址可以使用行为模式和来自链外公开可用的身份相关数据将它们的所有权进行分组。基于区块链的公共交易行为模式可以使用聚合关联方法进行分组，但是区块链上数据分析获得的结果不具备绝对正确性。结合链外信息旨在过滤输入数据中的错误，提升用户地址身份识别的正确率和准确率。

## 4.5.2 相关定义

为了统一描述系统的相关构成以及相关操作,本小节定义后续章节通用的相关内容。

**定义 4.1(用户集合)** 用户集合使用 $U$ 表示,其成员为$\{u_1, u_2, \cdots, u_n\}$。

**定义 4.2(用户交易集合)** 用户交易集合使用 $T$ 表示,集合包括该用户所有聚合关联的交易,集合成员为$\{t_1, t_2, \cdots, t_n\}$。

**定义 4.3(比特币地址集合)** 比特币地址集合用 $A$ 表示,该集合包括 $T$ 中所有交易的所有地址的集合,其成员为$\{a_1, a_2, \cdots, a_n\}$。

**定义 4.4(交易 $t$ 的输入和输出地址集合)** 交易 $t$ 的所有输入地址集合表示为 $\text{Input}(t) \subset A$,交易 $t$ 的所有输出地址集合表示为 $\text{Output}(t) \subset A$。

**定义 4.5(交易 $t$ 的输入和输出地址)** 交易 $t$ 的第 $j \leqslant |\text{Input}(t)|$ 个输入地址表示为 $i_j(t) \in \text{Input}(t)$,交易 $t$ 的第 $j$ 个($j \leqslant |\text{Output}(t)|$)输出地址表示为 $o_j(t) \in \text{Output}(t)$。

**定义 4.6(用户 $u$ 的地址聚合关联集合)** 地址集合 $A$ 的聚合关联集合使用 $P = \{P_1, P_2, \cdots, P_n\}$ 表示,对于每一个集合$\{P_i | 1 \leqslant i \leqslant n\}$属于同一用户(实体)。

在本书的实验中,根据召回率(Recall Rate)和正确率(Accuracy Rate)来评价地址聚合关联的效果。

**定义 4.7(召回率)** 召回率指通过本书算法获得的聚合关联地址集合 $P$ 中准确地址的数量与该用户实际地址总数量的比值,如公式(4.1)所示。召回率越高,漏判率越低。

$$\text{Recallrate} = \frac{\text{CN}}{\text{TN}_1} \tag{4.1}$$

在公式(4.1)中,CN 表示聚合关联地址集合 $P$ 中准确地址的数量,$\text{TN}_1$

表示用户 $u$ 地址集合实际地址总数量。

**定义 4.8(准确率)** 准确率指通过本书算法获得的聚合关联地址集合 $P$ 中的准确地址数量与该聚合关联集合 $P$ 中的地址总数量的比值,如公式(4.2)所示。准确率越高,误判率越低。

$$\text{Accuracyrate} = \frac{\text{CN}}{\text{TN}_2} \qquad (4.2)$$

在公式(4.2)中,CN 表示聚合关联地址集合 $P$ 中的准确地址数量,$\text{TN}_2$ 表示聚合关联集合 $P$ 中的地址总数量。

实验数据是公开的比特币网络交易数据,并且将为公共比特币网络数据提供专业聚合服务的网站 Walletexplorer.com 作为实验聚合关联结果的对比参考。这里我们假设该网站的结果是正确且全面的。

## 4.6 实验环境与测试数据集

为了在之后的第 5 章、第 6 章、第 7 章中不再介绍所需的实验环境和测试数据集,这里统一进行介绍说明。

### 4.6.1 实验环境

本文的实验环境为:在 Linux 操作系统上运行比特币客户端 Bitcoin Core 获取比特币交易数据,利用开源比特币数据解析工具 BitcoinDatabaseGenerator 将比特币交易数据解析后存入 SQL Server 关系数据库,再利用本书研究的、由 Python 语言实现的地址身份识别程序将比特币地址进行分类识别。硬件实验环境介绍如表 4.4 所示,软件实验环境介绍如表 4.5 所示。

表 4.4　实验硬件环境参数表

| CPU 主频 | CPU 核心数 | 内存 | 操作系统 |
|---|---|---|---|
| 2.40 GHz | 24 | 256 G | CentOS Linux 7.3.1611 |

表 4.5　实验软件环境参数表

| 软件名称 | 软件版本 |
|---|---|
| 比特币客户端 | Bitcoin Core 0.18.0 |
| 数据库软件 | SQL Server 2012 |
| 本书系统开发软件 | Python 2.7 |

## 4.6.2　测试数据集

**1. 链上数据**

本书使用比特币客户端 Bitcoin Core 从比特币网络中获取交易数据（.dat 文件，约 220 GB），然后通过开源的系统 BitcoinDatabaseGenerator 将 .dat 文件进行解析并将其存入 SQL Server 关系数据库。解析之后的数据简述如表 4.6 所示。

表 4.6　比特币区块链解析获得的数据表

| 数据表和视图 | 存储内容 |
|---|---|
| TABLE：BlockchainFile | 包含有关已处理的区块链文件的信息 |
| TABLE：Block | 包含有关比特币区块的信息 |
| TABLE：BitcoinTransaction | 包含有关比特币交易的信息 |
| TABLE：TransactionInput | 包含有关比特币交易输入的信息 |
| TABLE：TransactionInputSource | 包含有关比特币交易输入源的信息 |

续 表

| 数据表和视图 | 存储内容 |
|---|---|
| TABLE：TransactionOutput | 包含有关比特币交易输出的信息 |
| VIEW View_TransactionAggregated | 包含交易的总输入、输出和交易费用 |
| VIEW View_BlockAggregated | 包含区块的总输入、输出和交易费用 |
| VIEW View_BlockchainFileCounts | 包含关于区块链文件的数据 |

**2. 链外数据**

本书利用 Scrapy 爬虫框架和 Python 库研究开发的 WEB 爬虫程序(具体见第 7 章)爬取用户在比特币论坛公开发布的比特币地址、IP 地址以及其他身份相关信息。

## 4.7 本章小结

本章主要介绍了后续章节研究中所应用的机理和模型,具体包括基于地址关联的用户身份识别机理、框架模型、相关定义、实验环境和测试数据集。

# 第 5 章
# 常规交易模式下的区块链数字货币用户身份识别

本章所研究的常规交易是指不包含混币交易的一般性交易。本章以比特币为例。在比特币的海量交易中,绝大多数的交易均为常规交易,混币交易量占比较小。本章的研究目标是在不考虑混币交易的情况下,将同一用户(实体)持有的匿名地址识别出来,明确匿名地址与对应用户(实体)的归属关系。

针对身份识别的判定规则不够全面的问题,本章提出了常规交易模式(不考虑混币交易)下的比特币用户身份识别的具体模型;研究了启发式地址聚合关联方法,该方法研究了4个规则,即Coinbase交易、多输入交易、找零地址和矿池地址聚合关联规则,可以实现对同一用户(实体)不同地址的聚合关联;针对大规模交易数据集,逐个对地址进行聚合关联很难满足实时性需求的问题,本章研究了大规模交易数据集的聚合关联机制,将历史聚合关联与增量聚合关联相结合,提高了地址聚合关联效率。实验结果表明,平均准确率为87.54%,平均召回率为98.08%,且数据集包含的地址数量越少,准确率和召回率越高。

# 第5章 常规交易模式下的区块链数字货币用户身份识别

## 5.1 引　　言

比特币地址由用户生成且不关联用户身份信息。一般情况下,没有任何第三方可以确定比特币地址与用户身份之间的对应关系。此外,理论上每个用户可以生成无数个比特币地址,并且用户可以为不同的交易分配不同的比特币地址。因此,与传统的集中式系统相比,比特币具有更强的匿名性,这使得识别比特币用户身份变得非常困难。然而,比特币交易数据存储在一个公开的全球分类账本(区块链)中,根据比特币交易的内在数据结构特性可以知道,它们之间存在着一定的关联关系。因此,分析人员可以利用这些公开的链上交易数据来分析比特币用户的身份隐私。

通过分析比特币交易之间的关联关系,分析人员可以挖掘交易地址之间的关联关系,从而降低比特币地址的匿名性,识别出用户控制的比特币匿名地址。这种比特币地址聚合关联可以将单个用户的地址聚合在一起,从而帮助推断出比特币地址与用户的归属关系。常规交易模式下的用户身份识别数据为本章后续准确地身份识别研究提供了基础数据。在本章后续的研究中,如果获得了聚合集合中单个地址的身份信息,则可以推断出同一聚合集合中其余地址的身份信息。此外,分析人员还可以使用聚合地址获得关于特定用户的全面交易数据,从而获得详细的交易规则。随着综合集群信息数量的增加,与地址集关联的匿名用户变得更加容易描述其身份。

最近的一些研究调查了比特币地址之间的关联关系。在这些研究中,研究者们采用了不同的启发式的关联方法来分析比特币地址之间的关联关系。然而,这些方法的聚合关联规则是不够全面的,会对误判率和漏判率造成一定的影响。

本章研究了常规交易模式下比特币交易的可追溯性,并根据比特币网络中用户交易行为识别匿名地址与用户的归属关系。本章的研究方法是在不考虑混币交易的情况下的一般性方法,后续各章节可以将复杂的关联要素添加到本章的关联方法中,以更加准确地识别比特币用户身份。本章的研究结果为本书后续章节提供粗粒度的研究数据,后续章节在考虑复杂的关联要素后会将其修正为细粒度的关联结果。

本章研究的主要贡献总结如下:

① 本章提出了常规交易模式下基于地址关联的身份识别的具体模型,模型展示了比特币地址身份识别的全过程,能够为比特币的身份识别研究提供理论依据。

② 本章提出了一种启发式比特币地址聚合关联算法,实现同一用户(实体)$u$ 的比特币地址集合 $P$ 的归属关联。该算法研究了 4 个规则,即 Coinbase 交易、多输入交易、找零地址和矿池地址的聚合关联规则,以实现比特币地址身份识别。该算法与现有的研究相比,聚合结果更加全面和准确。

③ 本章提出了一种基于历史聚合关联和增量聚合关联相结合的算法,实现了对大规模数据集的比特币地址聚合,构造了多个用户 $\{u_1, u_2, \cdots, u_n\}$ 与之对应的比特币地址集合 $\{P_1, P_2, \cdots, P_n\}$ 的历史聚合数据集,并实现实时更新。历史聚合关联与增量聚合关联相结合,得到了综合聚合结果,如果用户查询的地址已经在历史聚合数据集中,则可以将其快速地反馈给用户,从而提高查询效率,满足实时性的需求。

④ 本章实现了比特币公共网络地址聚合关联,进而实现了比特币匿名地址与比特币用户的归属关联。本章通过大量实验验证了该方法的全面性、准确性和有效性。实验结果表明:平均准确率为 87.54%,平均召回率为 98.08%;数据集地址数量越少,准确率和召回率越高。

⑤ 本章利用地址聚合关联技术揭示了常规交易模式下比特币匿名机制的漏洞，既可以为比特币的规范使用提供一定的借鉴，也可以为区块链技术在未来其他应用中的改进提供依据。

## 5.2 相关工作

比特币常规交易占据其交易总量的主体，现有研究聚焦于输入地址与找零地址的关联规则挖掘，具体可以分为两类技术路径。

### 5.2.1 多输入交易地址启发式聚合关联

Reid 与 Harrigan 率先提出多输入交易地址启发式关联方法，其基于 1 253 054 个地址构建初始用户网络（含 4 929 950 条交易边）。通过假设多输入交易的输入地址归属同一用户，网络节点缩减至 881 678 个，交易边数降至 1 961 636 条。Ron 与 Shamir 验证了该方法的局限性，指出其存在两类误差：①未检测到同一用户地址导致的低估误差；②多用户共享输入地址引发的过估计误差，但其概率较低。例如，针对特定大型用户，其仅能识别约 25% 的真实地址。通过改进 Union-Find 算法，他们将 3 120 948 个发送地址聚类为 1 851 544 个用户（实体），最终整合 609 270 个纯接收地址后形成 2 460 814 个用户（实体）。Fleder、Spagnuolo、Baumann 等学者均沿袭该框架，Kaminsky 与 Möser 等亦认可其核心假设，即多输入交易地址具有高概率的同属关联性。

## 5.2.2　找零地址启发式聚合关联

Reid 与 Harrigan 通过解析客户端交易生成逻辑,提出找零地址识别方法。Kaminsky 进一步指出,交易输出中某一地址通常归属输入地址持有者。Androulaki 等率先应用该启发式聚合关联。Ortega 则假设小额输出为找零地址。Meiklejohn 团队通过约束条件(单一输入且单一输出)提升识别精度,最终从 3 383 904 个集群中识别出了 2 197 个有效集群(含 180 万个地址)。Spagnuolo 等将找零地址标记为"影子地址",结合多输入启发式将用户集群从 2 432 834 缩减至 2 169 115,集群地址覆盖率由 60% 提升至 90%。Nick 引入消费者启发式与最优找零启发式。Neudecker 等改进方法后,估算用户规模达 4 600 万~7 200 万。Möser 等通过分析交易图验证找零输出特性,指出小额输出更可能为找零地址。Ferrin 则提出交易线索分析法,通过输出类型指示符区分消费与找零地址。

当前比特币交易规模与类型的复杂度显著增加,需进一步细化关联规则,以增强地址聚合的全面性与鲁棒性,从而应对动态演化的匿名化挑战。

## 5.3　研究动机

现有的常规交易模式下的基于地址关联的身份识别方法存在如下两个问题。

### 5.3.1　找零地址判定条件存在的缺陷

根据 4.4.2 节介绍的 UTXO 原理,比特币系统强制每个交易 $t$ 将整个输入作为花费进行输出,将剩余的比特币传递回用户 $u$。为了提高匿名性,系统会自动创建一个找零地址,用于收集由用户 $u$ 发出的交易产生的剩余。根据 5.2 节所述,找零地址在判定上会存在误判的情况。

① 当找零值小于任何输入值时,它很可能是真实的找零输出。一般来说,当用户请求发送一定数量的比特币时,用户的钱包会搜索用户可以在交易中花费的 UTXO。只有当输入值之和超过用户需要发送的值时,交易才有效。此外,应该认为当省略任何选定的输出 UTXO 时,其余输出 UTXO 之和不能达到所输入 UTXO 的值。这种情况就意味着找零 UTXO 的值小于任何已花费的输出 UTXO。如果找零 UTXO 的值大于一个输入的 UTXO 的值,系统则可以省略该输入 UTXO,从而找零 UTXO 的值会因为输出 UTXO 的值而减少,即新的找零 UTXO 的值等于原找零 UTXO 的值减去省略的输入 UTXO 的值。如果一个多输出的交易 $t$ 仅具有一个比任何输入 UTXO 的值都小的输出 UTXO,那么它很可能是真正的找零 UTXO。

例如,如图 4.2(a)所示,最右边的交易认为存放 0.5 枚比特币的地址为找零地址是合理的,因为关联值 0.5 枚比特币唯一小于 2.5 枚比特币和 2.0 枚比特币的输入。如果存放 4.0 枚比特币的地址是找零地址,那么用户钱包应该会忽略其中一个输入 UTXO。

② 在实际的观察中:短时间内,系统有时会使用相同的找零地址两次;某些地址偶尔用作 self-change 地址,即自找零地址;如果一个地址在某个时间点看起来像一次性找零地址,但是在以后又再次被使用(只使用一次的输入地址除外)。这些情况都会引发误判。

## 5.3.2 启发式规则的局限性

目前,大多数使用启发式的比特币地址聚合关联规则主要集中在研究多输入交易的地址聚合关联,以及找零地址的聚合关联。以下情况并没有得到应用。

① 产生全新比特币的 Coinbase 交易的地址关联并没有应用。如图 4.2(e) 所示,Coinbase 交易没有输入只有输出,且输出地址应属于用一个用户(实体)。

② 矿池发放比特币的情况没有应用。当矿池为矿工分配收益的交易时,该类交易的输出地址应属于同一个实体集合。

基于以上分析,本章将对启发式聚合关联算法进行优化,设计了一种基于 4 个规则的启发式聚合关联算法。关联规则包括 Coinbase 交易、多输入交易、找零地址和矿池地址的聚合关联规则。该算法可以全面且准确地实现用户地址聚合关联。

## 5.4 系统模型

常规交易模式下的地址聚合关联主要研究在不考虑混币交易的情况下分析比特币区块链交易记录的输入地址 $Input(t)$ 和输出地址 $Output(t)$,从而确定地址之间的关联关系,进而确定同一用户(实体)$u$ 下的地址集合 $P$。根据本章研究对象、研究目标以及相关研究存在的问题,常规交易模式下的地址聚合模型如图 5.1 所示。

常规交易模式下的基于地址关联的身份识别系统模型主要包括区块解析模块和地址聚合关联模块。区块解析模块详见第 3 章。地址聚合关联模块研究使用启发式地址聚合关联算法。该算法研究了 4 个规则,包括 Coinbase 交易、多输入交易、找零地址和矿池地址的聚合关联规则。该算法利用启发式地址聚合关联算法对同一用户(实体)的不同比特币地址进行聚合关联,并将聚合关联结果存入历史聚合数据集。同时,为了解决面向大型数据集的比特币地址聚合关联,本章研究了基于历史聚合的增量聚合算法,实现实时更新。历史聚合与增量聚合相结合,可以得到综合聚合结果,如果用户查询的数据已经在历史聚合数据集中,则可以将查询结果快速地反馈给用户。

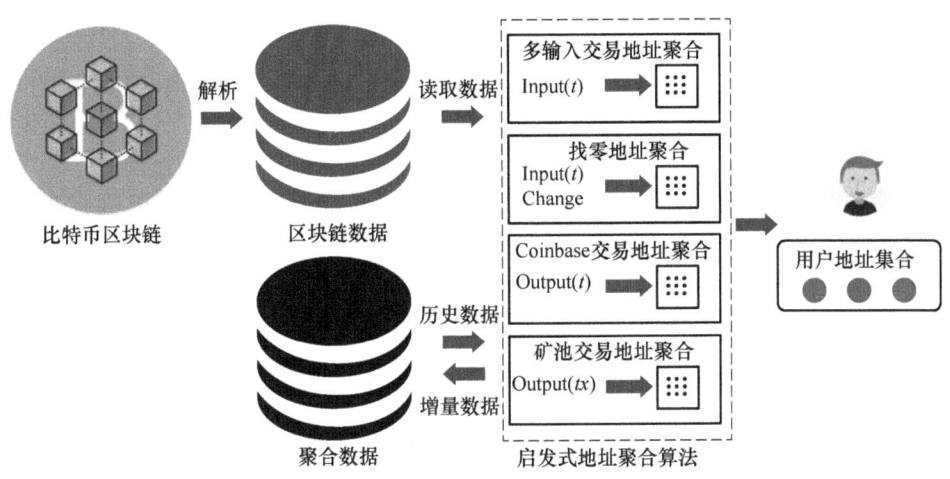

图 5.1　常规交易模式下的基于地址关联的身份识别系统模型图

## 5.5　基于地址关联的比特币用户身份识别分析

本节研究比特币地址聚合关联的 4 个启发式关联规则。这里首先描述启发式地址聚合关联的一般过程,然后再描述具体的启发式地址聚合关联算法。

### 5.5.1　启发式地址聚合关联规则

聚合的过程是从用户 $u$ 关联的交易 $T$ 的地址集合 $A$ 中聚合关联出属于

用户 $u$ 的地址集合 $P$。聚合关联按照时间顺序处理所有交易。对于每个交易 $t \in T$，启发式算法计算所有输入和输出地址 $t(\text{Output}(t) \bigcup \text{Input}(t))$ 应属的分区 $P_t = P_t^1, \cdots, P_t^m$。这个交易特定的分区 $P_t^i$ 包含的地址由同一个用户(实体)控制(即这些地址属于 $P_t^i$ 集合)。

启发式基于预先定义的顺序，每个启发式进一步修改 $P_t$。然后使用 $P_t$ 来更新 $P$：首先，将所有集群 $P_t^i$ 添加到 $P$ 中；然后，将每个添加的集群 $P_t^i$ 与 $P$ 中包含 $P_t^i$ 中任何地址的所有集群合并，实现由一个用户控制的所有地址，归入同一集合。

**启发式关联规则 1(MITAC)** 多输入交易地址聚合关联规则(Multi-input Transaction Address Clustering, MITAC)。

如果一个交易 $t$ 存在多个输入地址(即 $\text{Input}(t) \geqslant 2$)，则需要使用与所有输入的公钥对应的私钥对交易进行签名。假设该交易 $t$ 由同一个用户 $u$ 创建，则该用户 $u$ 控制交易输入的所有地址(即 $\text{Input}(t) \subseteq P_t$)。

对于交易 $t$，由该启发式关联规则确定的分区为

$$P_t = \{\text{Input}(t), \{o_1(t)\}, \cdots, \{o|\text{Outputs}_{(t)}|(t)\}\} \tag{5.1}$$

一般情况下，这种启发式首先被应用，并用于所有的集群。这种启发式只产生误报(即将不受同一用户控制的群集地址归入同一群集)。如果用户 $u$ 让服务访问他们的私钥(如 Mt.Gox)，或者交易 $t$ 由多个用户以分散的方式组合(如 Coinjoin)，就会出现这种情况。本章不考虑这种混币的情况。

**启发式关联规则 2(CTAC)** 找零地址聚合关联规则(Change Address Clustering, CTAC)。

交易的一个输入 UTXO 只能被全部使用。因此，如果用户 Alice 控制一个没有使用完的输出值 2 枚比特币，并希望支付给用户 Bob 1 枚比特币，Alice 使用这 2 枚比特币创建 1 个输入和 2 个输出的一笔交易 $t$，其中，1 枚比特币输出给 Bob 的地址，1 枚比特币输出给由 Alice 控制的找零地址(假

设没有交易费用即 fee($t$)＝0)。由于找零地址和输入地址(Input($t$))都由 Alice 控制,所以应该将其聚合在一起。但存在的挑战是如何确定哪个输出地址是找零地址,哪个输出地址是收款人 Bob 的地址。对此,本章提出了下面的启发式关联规则来识别找零地址,且如果满足定义 5.1,则输出地址 $o_j(t)$ 就是找零地址。

**定义 5.1 找零地址(Change Address)** 找零地址需满足以下条件:

条件 1:地址 $o_j(t)$ 是第一次出现。

条件 2:交易 $t$ 不是一个 Coinbase 交易。

条件 3:地址 $o_j(t)$ 不会同时属于 Input($t$) 和 Output($t$),即该地址不是自我找零地址。

条件 4:当 $j \neq k$ 时,条件 1 只适用于 $o_j(t)$ 而不适用于 $o_k(t)$,即该地址只作为一次交易的输出地址。

条件 5:当找零值小于任何输入值时,它很可能是真实的找零输出。

对于交易 $t$,由该启发式关联规则确定的聚合关联集合 $P_t$ 为:

$$P_t = \{\text{Inputs}(t) \bigcup \{o_j(t)\}, \{o_1(t)\}, \cdots, \{o_{j-1}(t)\}, \{o_{j+1}(t)\}, \cdots, \{o_{|\text{Outputs}(t)|}(t)\}\}$$
(5.2)

这种启发式原理是标准的比特币客户端为找零地址创建一个新的密钥对,并且只有在再次使用接收到的找零时才使用这些地址。比特币的客户端的旧版本将找零发送到输入的地址(即自找零)。

显然,这种启发式可能导致误判和漏判。在具有两个以前没有出现的输出地址的交易中,就很难确定找零地址(虽然可能有一个)。此外,当交易将钱花在两个收款人身上而不进行任何找零时,启发式可能会将其中一个收款人的地址误认为找零地址。

为了捕获不断变化的钱包行为,本章提出了启发式关联规则 2 的两个例外情况:

例外 1：如果交易 $t$ 只有一个输出，则该交易中没有找零地址（CTACa）。

例外 2：曾在自我找零交易中使用过（CTACb）。

这两个例外情况在 2013 年以前捕获为常见的行为，之后经过对系统的不断改进，现在还不清楚这些例外情况是否有用。

**启发式关联规则 3（CAC）** Coinbase 交易地址聚合关联规则（Coinbase Transaction Address Clustering，CAC）。

Coinbase 交易是指比特币系统中创建全新的比特币代币的交易。区块链上的每个区块都对应一个 Coinbase 交易，该类交易没有输入地址（$|\text{Input}(t)|=0$），只有输出地址（$|\text{Output}(t)|\geqslant 1$）。Coinbase 交易中创建的代币是所有比特币交易的源头，新创建的代币将作为奖励发送给矿工，即交易中的输出地址。矿工挖矿的过程是在挖矿服务器上运行挖矿程序。因此，可以认为一个 Coinbase 交易中的输出地址一定是由同一个用户（实体）进行控制的。

如果一个或多个地址是同一个 Coinbase 交易的输出，那么认为它们被同一个用户（实体）控制，即对任意 Coinbase 交易，所有的地址 $a \in \text{Output}(t)$ 被同一个用户（实体）控制。

**启发式关联规则 4（MPAC）** 矿池地址聚合关联规则（Mining Pool Address Clustering，MPAC）。

如果一个交易中的输出地址数量超过 100 个，并且其中一个输出地址属于一个已知的矿池，那么我们将该交易视为一个关联的矿池交易，且所有的输出地址属于该矿池。换句话说，输出地址属于同一个实体集合。这个规则只能通过矿池来验证。然而，考虑到比特币矿池的操作结构，该规则相对安全。

## 5.5.2 启发式地址聚合关联算法

图 5.2 直观地说明了如何将不同的地址集进行聚合关联。根据启发式地址聚合关联规则,假设从只有一个输入地址的交易 $t_1$ 开始关联,因为地址 $a_1$ 和 $a_2$ 来自不同的交易,$t_3$ 与 $t_1$ 和 $t_2$ 相交,所以地址 $a_1$、$a_2$ 和 $a_3$ 应属于同一个用户(实体)。类似地,$t_5$ 与前面的几个地址相交,通过地址简单地搜索它们所映射到的交易。使用这种方式可以链接所有的集合,而不需要顺序访问每个集合中的地址。

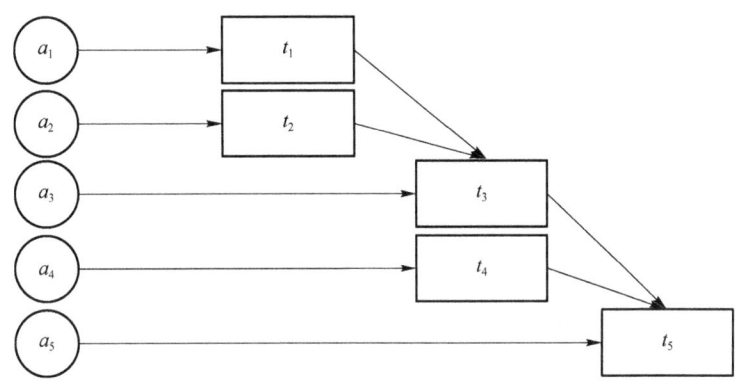

图 5.2 比特币地址分组框架图

表 5.1 所示的操作反映了更新地址集合 $P$ 的情况,举例说明如何根据启发式关联规则 1 进行地址的聚合关联操作。从交易 $t_1$ 迭代到交易 $t_5$ 之后,所有 5 个地址最终都映射到一个集合。在这种方法中,给定任意一组地址,不管迭代的顺序如何,都能够正确地将所有具有交集的地址组合在一起。

表 5.1 示例交易输入操作表

| 交易 ID | 输入地址集合 | 操作 |
| --- | --- | --- |
| $t_1$ | $a_1$ | add($a_1$) |
| $t_2$ | $a_2$ | add($a_2$) |

续表

| 交易 ID | 输入地址集合 | 操作 |
| --- | --- | --- |
| $t_3$ | $a_1, a_2, a_3$ | add($a_3$) |
| $t_4$ | $a_4$ | add($a_4$) |
| $t_5$ | $a_1, a_2, a_3, a_4, a_5$ | add($a_5$) |

常规交易模式下地址聚合关联算法流程图如图 5.3 所示。该算法的流程可以被概况为：首先输入要查询（或聚合关联）的比特币地址 $a$；其次分别利用启发式关联规则 1、2、3、4 对该地址 $a$ 参与的交易 $t$ 计算所有输入和输出地址 $t$（Output($t$)$\bigcup$Input($t$)）的所属分区集合 $P_t = \{P_{1t}, \cdots, P_{mt}\}$，每个启发式和迭代次数将会进一步修改 $P_t$；最后使用 $P_t$ 来更新 $P$。在使用的启发式关联规则和顺序固定的情况下，迭代关联的次数越多，$P$ 集合中地址数量

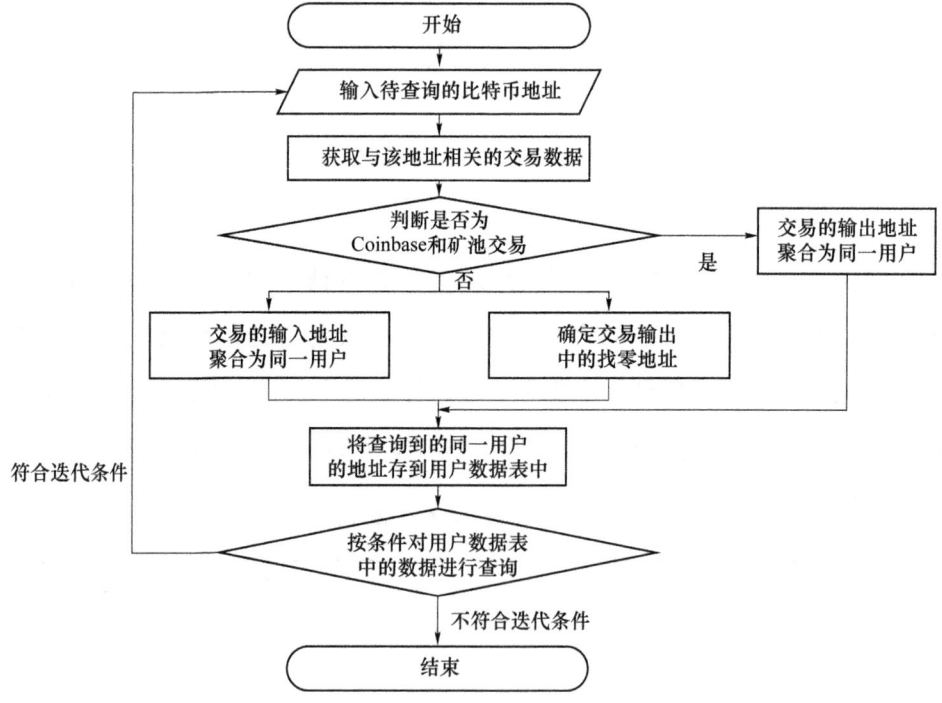

图 5.3　常规交易模式下地址聚合关联算法流程图

也就越多,即关联效果的全面性越好。但是,迭代次数的增加会使聚合效率显著降低。

基于启发式地址聚合关联算法如算法 5.1 所示。

---

**算法 5.1** 基于启发式地址聚合关联算法

---

**Input**:待查询地址 $a$;

**Output**:与地址 $a$ 同属于同一用户(实体)控制的地址集合 $P$;

1:初始化地址集合 $A=\{a_1,a_2,\cdots,a_n\},k\leqslant n$;

2:初始化交易集合 $T=\{t_1,t_2,\cdots,t_n\}$;

3:设置迭代次数 $N$;

4:**for** Level $\in [1,N]$ **do**

5:　获取与地址 $a$ 所有相关的交易存入 $T$;

6:　**for** $k \in [1,n]$ **do**

7:　　**if** $t$ 是 Coinbase 交易 **then**

8:　　　$P_t^k$. add(Output($t_k$));

9:　　**else if** Output($t_k$) 某个地址属于已知矿池或 Output($t_k$) $\geqslant$ 100 **then**

10:　　　$P_t^k$. add(Output($t_k$));

11:　　**else**

12:　　　$P_t^k$. add(Input($t_k$));

13:　　　FindChangeAddress($t_k$),$P_t^k$. add(ChangeAddress($t_k$));

14:　　**end if**

15:　　$P$. add($P_t^k$)

16:　**end for**

17:**end for**

18:**return** 与地址 $a$ 同属于同一用户(实体)控制的地址集合 $P$;

### 5.5.3 大规模数据集地址聚合关联算法

5.5.2节所述的启发式地址聚合关联算法提供了一种地址聚合关联的基本方案。但是在实际业务中,由于交易数据集非常庞大,聚合算法效率较低,很难满足实际业务需要。若对大规模数据集中的地址逐个进行聚合关联则很难满足实时性需求。因此本小节主要研究大规模数据集的地址聚合关联算法。

本小节设计了一种基于历史聚合结果的增量聚合算法,以满足大批量数据集的实时聚合关联需求。

(1) 历史聚合

面向所有地址的全面聚合,为每一个地址建立聚合关联集合 $P$。为了防止为同一地址建立重复关联关系以及浪费空间,已聚合的地址将会添加聚合标签进行标识,具有相同标签的地址归属于同一个用户(实体)$u$。相比算法5.1针对地址实现聚合关联,历史聚合是针对所有地址都实现聚合关联。通过建立和存储所有地址的聚合关联关系,实现用户和其地址集合的映射 $u \rightarrow P$,与此同时,也提高了用户查询特定地址的聚合关联的效率。

(2) 增量聚合

针对新产生的比特币交易 $t$,将其 $\text{Input}(t)$ 和 $\text{Output}(t)$ 采用算法5.1归入相应的 $P_t$,然后将新产生的 $P_t$ 融入相应聚合关联集合 $P$。在聚合的过程中,需要对交易 $t$ 的 $\text{Input}(t)$ 和 $\text{Output}(t)$ 标注相应的标签。历史聚合结合增量聚合,可以提高地址聚合的效率,满足实时聚合的性能要求。

比特币交易数量非常庞大,面对这样的大规模数据集,聚合关联的算法不得当将会严重影响聚合的效率。本章将地址 $a$ 关联的交易集合 $T$ 按照时间顺序分时段进行处理,分别采用启发式地址聚合关联算法5.1处理数据,

挖掘聚合关联集合 $P$,然后将每个时间段的聚合结果融合后写入历史聚合数据库。在聚合关联的过程中,为了节省存储空间,不再单独存储关联的地址,而是为每个关联的地址标注相应的聚合标签。历史聚合在空闲的时间提前进行,并且将实时同步的增量聚合数据进行融合,即实时更新地址聚合标签。当用户提出查询请求时,可以建立相应的具有相同标签的地址视图。这种历史聚合和增量聚合相结合的技术可以获得全面的聚合结果。

基于大规模数据集的地址聚合关联算法总体流程如图 5.4 所示。该算法的流程可以被概况为:首先将历史交易数据按时间段进行分组;其次分别利用启发式聚合关联算法进行聚合,并将各个分组聚合后的地址集合进行融合作为历史聚合结果;再次将实时数据利用启发式算法进行地址聚合作为增量聚合结果;最后将历史聚合结果与增量聚合结果融合,写入历史聚合数据库。

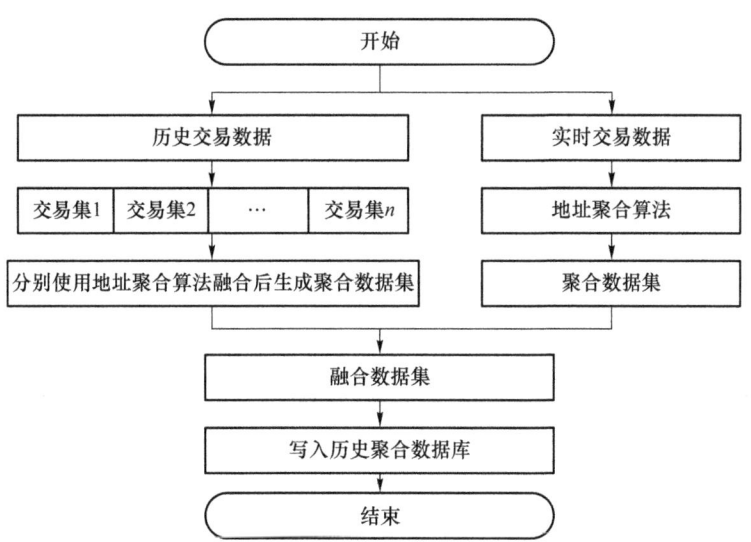

图 5.4 大规模数据集地址聚合关联流程图

大规模数据集地址聚合算法如算法 5.2 所示。

**算法 5.2** 大规模数据集地址聚合关联算法

**Input**：历史交易集合 $T=\{T_1,T_2,\cdots,T_n\}$；

**Output**：属于同一用户（实体）控制的地址集合 $A=\{a_1,a_2,\cdots,a_n\}$，$k \leqslant n$；

1：初始化交易数据集 txLsit；

2：初始化地址和集群标签的映射集 addr_label；

3：初始化临时地址集 tempList 和临时标签 tempLabel＝0；

4：从历史交易集合 $T$ 中取出一个交易 $T_n$ 放入 txList；

5：**for** $k \in [1,n]$ and tempLabel＝0 **do**

6：　　**if** $T_n$ 满足算法 5.1 中的判定规则 **then**

7：从 $T_n$ 中提取属于同一用户（实体）的地址，并将其添加到集合 tempList 中；

8：　　**end if**

9：　　**for** $k \in [1,n]$ **do**

10：从 tempList 获取未检测到的地址；

11：　　　**if** 相同的地址可以在 tempList 中找到 **then**

12：　　　　与此地址对应的标签被写入 tempLabel；

13：　　　**else**

14：　　　　地址被写回 tempList；

15：　　　**end if**

16：　　**end for**

17：将 tempList 中的所有地址写入 addr_label，并为这些地址分配相同的标签；

18：　　addr_label＋＋；

19：**end for**

20：**return** 属于同一用户（实体）控制的地址集合 $A=\{a_1,a_2,\cdots,a_n\}$，$k \leqslant n$；

# 第 5 章  常规交易模式下的区块链数字货币用户身份识别

## 5.6 实验分析

本章所需的实验环境和测试数据集如 4.6 节所述。本章的实验分为 3 个方面：①不同数据集的实验对比；②不同启发式关联规则的实验对比；③启发式聚合关联算法不同的迭代次数的实验对比。此外，本章实验还根据不同的情况给出了相应的实验分析。

### 5.6.1 不同数据集的准确率与召回率的实验分析

本实验使用了 4 种地址数量不同的数据集进行实验分析。由于比特币地址不关联用户身份信息，也没有第三方机构掌握这些身份数据，所以没有真实的数据可以作为实验结果的对比数据。因此，本实验采用了为公共比特币网络数据提供专业聚合服务的网站 Walletexplorer.com 的数据作为实验结果的对比数据，本实验假设该网站的结果是正确且全面的。这 4 组实验数据如下：

Data group 1：地址聚合集中的地址数小于 10。

Data group 2：地址聚合集中的地址数大于 10 且小于 100。

Data group 3：地址聚合集中的地址数大于 100 且小于 500。

Data group 4：地址聚合集中的地址数大于 500。

从 4 种数据集中提取数据并使用启发式聚合关联算法进行聚合关联。

表 5.2 和图 5.5 比较了使用这 4 种数据集获得的聚合结果。4 种数据集的平均准确率为 87.54%，平均召回率为 98.08%，说明该算法可以利用 4 个聚合规则获得全面的聚合信息。需要说明的是，地址数量的增加会导致准确率的降低，这主要是因为基于找零地址的规则或者混币交易可能会导致误报。此外，出现误报的概率随着地址数量的增加而增加。

表 5.2 常规交易模式下不同数据集合的准确率和召回率对比表

| 实验数据集 | 实验获得的地址数量($TN_2$) | 实验获得的正确的地址数量(CN) | 网站提供的地址数量($TN_1$) | 准确率(Accuracy rate)/% | 召回率(Recall rate)/% |
|---|---|---|---|---|---|
| 数据集 1 | 9 | 9 | 9 | 100 | 100 |
| 数据集 2 | 95 | 84 | 85 | 88.42 | 98.82 |
| 数据集 3 | 541 | 458 | 472 | 84.66 | 97.03 |
| 数据集 4 | 1 033 | 796 | 825 | 77.06 | 96.48 |

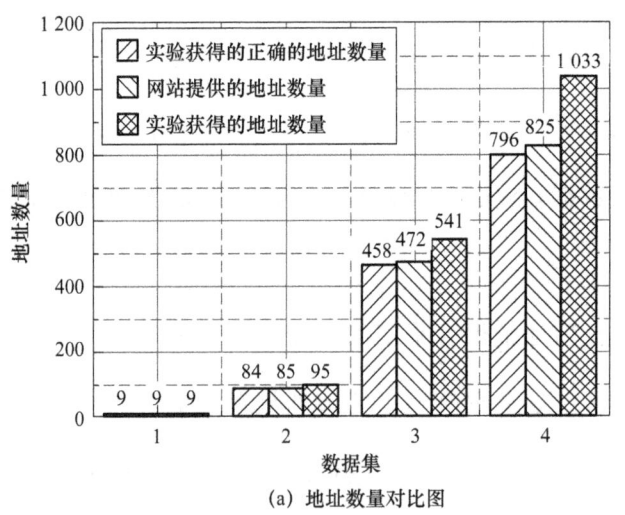

(a) 地址数量对比图

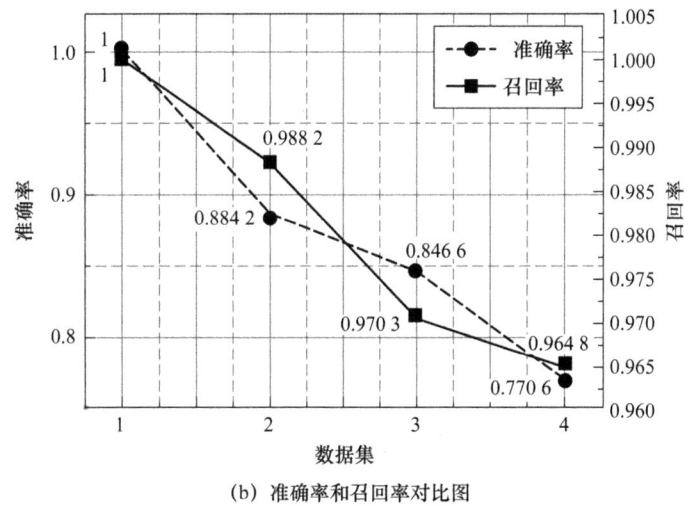

(b) 准确率和召回率对比图

图 5.5　不同数据集的实验数据对比图

## 5.6.2　不同迭代次数的实验分析

接下来以 CryptoLocker 勒索地址(1AEoiHY23fbBn8QiJ5y6oAjrhRY1Fb85uc)为例进行测试,我们的启发式算法迭代 10 次。测试结果包括 232 个地址,如图 5.6 所示。本章提出的启发式算法是迭代 1 次,以获得与目标地址相关联的一定数量的地址。原始目标地址和新获得的地址将参与下一次迭代,并再次搜索与它们相关的地址。注意,搜索中的地址数量随着迭代次数的增加而增加,这将产生高度相关的地址和全面的结果。

## 5.6.3　不同启发式关联规则的实验分析

同样以 CryptoLocker 勒索地址(1AEoiHY23fbBn8QiJ5y6oAjrhRY1Fb85uc)为例进行测试,本章使用下面的聚合关联规则的方法来比较聚合关联地址的效果:

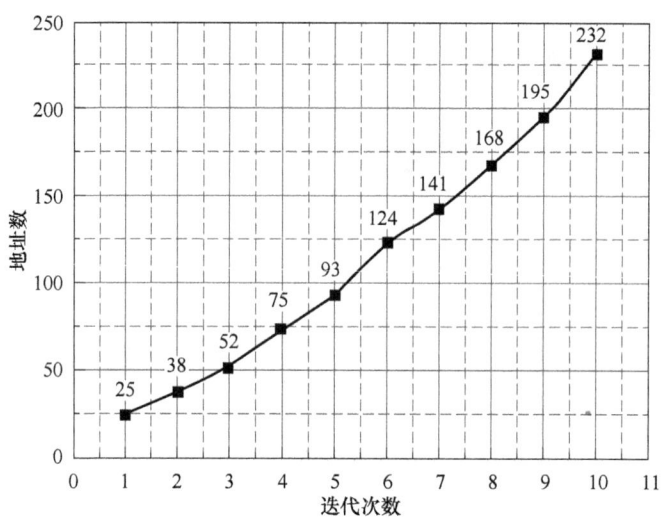

图 5.6 不同迭代次数准确率对比图

方法 1（MITAC）：聚合关联规则只采用多输入交易地址聚合关联规则。

方法 2（MITAC+CTAC）：聚合关联规则采用多输入交易地址聚合关联规则和 Coinbase 交易地址聚合关联规则。

方法 3（MITAC+CTAC+CAC）：聚合关联规则采用多输入交易地址聚合关联规则、Coinbase 交易地址聚合关联规则和找零地址聚合关联规则。

方法 4（MITAC+CTAC+CAC+MPAC）：聚合关联规则采用多输入交易地址聚合关联规则、Coinbase 交易地址聚合关联规则、找零地址聚合关联规则和矿池地址关联规则。

通过使用这 4 种方法，我们分别获得 123、181、224 和 232 个地址的结果，如图 5.7 所示。注意，每种方法都涉及不同的启发式条件，并且这些启发式条件相互独立。因此，启发式条件越多，得到的结果就越多，结果与 walletexplorer 提供的数据非常接近。其中，有些研究者只使用了方法 1 和方法 2。实验结果证明本章使用的方法会获得更加全面的数据。本章的研究结果表明：实验考虑的因素越多，得到的结果越全面。在测试期间，随着迭代次数的增加，测试结果也会增加。

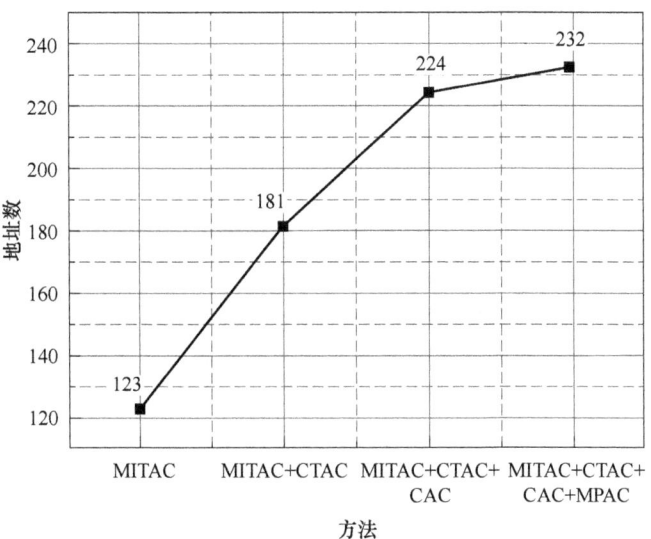

图 5.7　不同启发式关联规则准确率对比图

## 5.7　本章小结

本章首先给出了常规交易模式下的基于地址关联的身份识别模型并阐述了研究动机；然后对地址关联的身份识别算法进行了分析和描述，这些算法包括启发式地址聚合关联算法和大规模数据集地址聚合关联算法；最后通过实验对其效果进行了验证、分析和说明。

# 第 6 章 混币交易模式下的区块链数字货币用户身份识别

本章研究的混币交易模式下的用户身份识别是在常规交易模式下的用户身份识别的研究基础上,考虑混币交易的存在,补偿常规交易模式下研究结果的误差。本章的难点是在海量的交易数据中将混币交易识别出来,并将其拆分为常规交易。在原有的常规交易中,先与混币交易拆分,再利用常规交易模式中研究的启发式地址聚合关联方法将获得的常规交易进行聚合关联,最终将同一用户(实体)持有的匿名地址识别出来,并明确匿名地址与对应用户(实体)的归属关系。

针对常规交易的身份识别方法无法适用于混币交易的问题,本章提出了混币交易模式下的用户身份识别的模型,并以 Coinjoin 混币协议的共享发送机制为例,研究了混币交易的识别、拆分及优化、地址聚合关联方法,以进一步提升用户身份识别的准确率和召回率。实验结果表明:比特币交易实验样本中共享发送混币交易约占 2.28%;平均准确率为 92.23%,平均召回率为 99.08%;对于同样的数据集,其包含的地址数量越少,准确率和召回率越高。

# 第6章 混币交易模式下的区块链数字货币用户身份识别

## 6.1 引 言

匿名性是区块链数字货币的一个重要特性,区块链数字货币系统的参与者不必披露货币的所有权。因此,比特币所有者背后的身份通常是无法知晓的。然而,考虑到比特币区块链记录了用户的交易历史数据,以及根据第5章的研究可知,识别区块链数字货币用户身份隐私信息是可能的。

以比特币为例,为了抵消因区块链分析而损失的相关隐私,比特币社区开发了额外的方法来确保比特币的匿名性,这些方法被称为混币或交易混合。因为它们通过混合来自多个用户的交易历史来提高外界辨识隐私信息的难度,因此,地址与用户(实体)之间的关系变得更加模糊。

在现有的混币技术中,主要有两种方法。

(1) 共享比特币

用户将比特币发送到一个中介服务机构的账户,经过一段时间后,中介服务机构将其他可用的比特币发送到收款人的地址,中介服务机构发送和接收的过程通常分为若干个交易来完成,客户端需要信任中介服务机构。另外,如果操作成功完成,则几乎不可能跟踪到发送地址和接收地址之间的链接。共享比特币服务一般由交易所提供服务,至于是否需要注册则取决于所需的匿名程度。

(2) 共享发送

一般情况下,需要混币的若干用户自行或由中介服务机构进行分组,并在单个交易中混合比特币。虽然一小部分发送者和接收者可能是已知的,但是他们并不清楚这些比特币是如何分配的。

常规交易模式下的比特币用户身份识别由于没有考虑混币交易,所以存在一定的识别误差。在考虑混币交易的情况下,本章面临的挑战是从海量的交易数据中将混币交易识别出来并将其进行拆分和识别。现有的研究成果主要研究比特币系统的匿名性,揭示混币交易隐私行为的研究成果较少,且主要集中在研究共享比特币混币服务的隐私行为,即揭示混币中介服务机构的混币行为。Möser 等人、Chan 等人和 Balthasar 等人研究现今流行的比特币混币服务商或混币服务使用的固有交易模式,挖掘使用了混币服务的用户及参与混币交易的比特币的流向。此外,这些典型的混币服务商虽然存在若干的安全问题,但是用户向混币服务商交纳的混币服务费不同的话,享受到的安全级别也不同。对于安全级别较高的混币服务,除非中介服务机构披露,否则很难揭示其隐私行为。

现有的研究共享发送混币服务的成果相对于共享比特币的成果来说就更少。Atlas 指出,利用交易的输入和输出金额分解由 Coinjoin 所创建的交易,但并未进行详细阐述和验证。

本章以 Coinjoin 混币协议的共享发送机制为例,研究共享发送混币交易的识别和拆分,进而识别混币交易中比特币用户身份。本章主要工作总结如下:

① 以 Coinjoin 混币协议的共享发送机制为例,提出了混币交易模式下的地址关联身份识别的具体模型。

② 研究了一种共享发送混币交易的理论分析方法,采用图论的方法来揭示交易混淆问题,并根据研究将交易区分为简单交易、可拆分交易和无法识别类型交易,以及研究了混币交易的识别、拆分、优化、地址聚合关联。

③ 进行了大量的地址聚合关联实验和验证分析。实验结果表明:比特币交易实验样本中共享发送交易约占 $2.28\%$;平均准确率为 $92.23\%$,平均召回率为 $99.08\%$,比常规交易模式下的地址聚合关联的准确率和召回率分别提升了 $4.69\%$ 和 $1.00\%$。另外,对于同样的数据集而言,包含的地址数量越少,

准确率和召回率越高。

## 6.2 相关工作

现有研究多聚焦于对常规比特币交易进行匿名性分析,对混币交易隐私机制的探索较为有限,而针对共享发送混币协议的系统性研究更是缺乏。当前混币隐私分析主要集中于揭示第三方混币服务的匿名化特征,具体进展如下。

(1) 混币服务隐私行为解析

Möser 与 Chan 等学者通过向 Bitcoin Fog、BitLaundry 及 blockchain.info 发送测试交易,发现前两者具备较强的匿名保护能力,且 BitLaundry 存在输入与输出交易的可链接性漏洞。Balthasar 团队进一步对 DarkLaunder、CoinMixer 等主流混币平台展开分析,并基于交易图拓扑结构挖掘其固有模式,揭示了用户参与混币的资金流向规律。研究结果表明,尽管部分混币服务存在安全缺陷,但其采用隐私强度分层机制,即若用户支付高额服务费,则可以显著提升其匿名性,且若非服务商主动泄露,此类交易难以被逆向追踪。

(2) 共享发送混币协议创新

Gregory Maxwell 提出首个去中心化混币协议 Coinjoin 及多级混币协议 Coinswap,为混币技术奠定了理论基础。Bonneau 等在此基础上进行了改进,形成 Mixcoin 协议,该协议通过多阶段随机密钥调度算法切断用户与资金来源的关联,实现强匿名性。Atlas 则指出 Coinjoin 交易可通过输入、输出金额特征被逆向分解,但未提供实证支持。

当前研究短板在于对共享发送混币协议的探索深度不足,需结合异构数据融合分析技术,构建覆盖混币服务商行为模式与协议级漏洞检测的综合评估框架,以应对复杂混币场景下的隐私保护挑战。

## 6.3 研究动机

对共享发送混币服务进行研究主要是因为其广泛应用给比特币监管带来了一定的难度。而根据第 5 章关于比特币交易的关联性的研究发现可知,所揭示的比特币地址的关联性,可以在一定程度上揭示共享发送混币服务。

### 6.3.1 比特币交易的可追踪性

比特币是一种基于区块链数据结构的去中心化货币。其区块链作为网络中所有交易的公开账簿,让网络参与者可以就比特币地址的余额和用户提交给网络的比特币交易的可信度达成全球共识。网络用户使用比特币地址作为假名来进行交易。尽管如此,区块链的开放性仍允许对比特币用户进行有针对性和广泛性的分析。协议最初设计时鼓励用户避免隐私陷阱,为每个新交易生成新地址,并尽可能避免从多个地址集中资金。但是,对于许多用户来说,这通常是困难的。这个原因有很多,包括有些用户缺乏教育,比特币客户端功能不完善等。根据第 5 章研究所述,利用启发式地址聚合关联算法可以将参与交易的地址进行聚合关联,确定比特币地址的关联关系,这表明比特币交易是具有可追溯性的。

## 6.3.2 混币服务提升辨别难度

由于比特币地址是假名而不是匿名的,用户的交易行为不能由单个交易确定,但是同一个用户的多个交易可以链接在一起。第 5 章所述的启发式地址聚合关联算法可以降低比特币区块链的隐私级别。为了保护区块链的隐私,研究人员将区块链数据进行混淆或隐藏以抵御数据分析带来的风险,但是,这些隐私保护机制的前提条件是不能影响区块链系统的正常运转。混币机制就是一种提升比特币区块链隐私的有效手段。混币机制的原理是混淆比特币交易的过程,打破原有的比特币交易规律。这种交易混淆增加了分析人员通过分析交易数据识别用户身份的难度。

一般情况下,参与混币的用户将各自持有的比特币发送至混合器,混合器负责将这些比特币混合在一起。混合器再将这些比特币重新分配给参与混币的用户,从而增加了外界辨识这些比特币所属用户的难度。混币机制原理如图 6.1 所示,假设存在账户(地址)A 和 B、攻击者(分析人员)C,混币机制可以使 C 无法直接辨识 A 和 B 之间的交易,从而导致地址关联无法正确地链接到用户的持有地址。

## 6.3.3 共享发送混币交易的可追踪性

共享发送混币交易是将多个用户的交易组合成一笔新的交易。在共享发送混币交易中,输入和输出都是由多个用户的输入和输出组成,从而混淆了交易的输入和输出。虽然观察者无法直接找到输入和输出的对应关系,但是这类混币交易并没有隐藏交易金额,因此可以基于交易金额,从逆向工程的角度出发,将共享发送交易拆分成多个非混币交易。

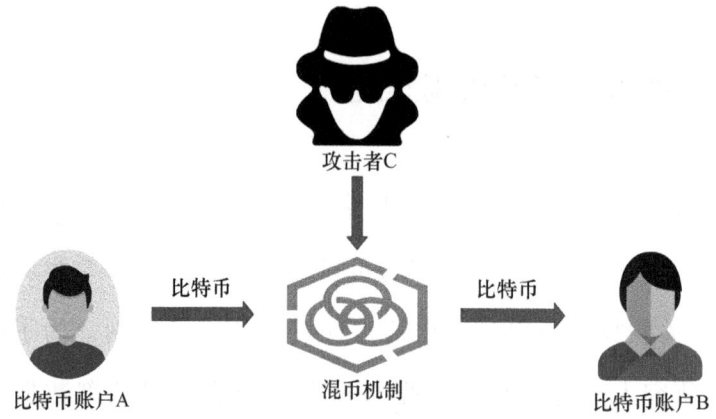

图 6.1 混币机制原理图

## 6.4 系统模型

混币交易模式下的基于地址关联的身份识别主要研究从比特币交易数据中识别混币交易,然后将混币交易拆分为常规交易,进而分析交易的输入和输出地址之间的关联关系,从而确定同一用户(实体)的地址集合。根据本章研究对象和研究目标,混币交易模式下的基于地址关联的身份识别系统模型如图 6.2 所示。

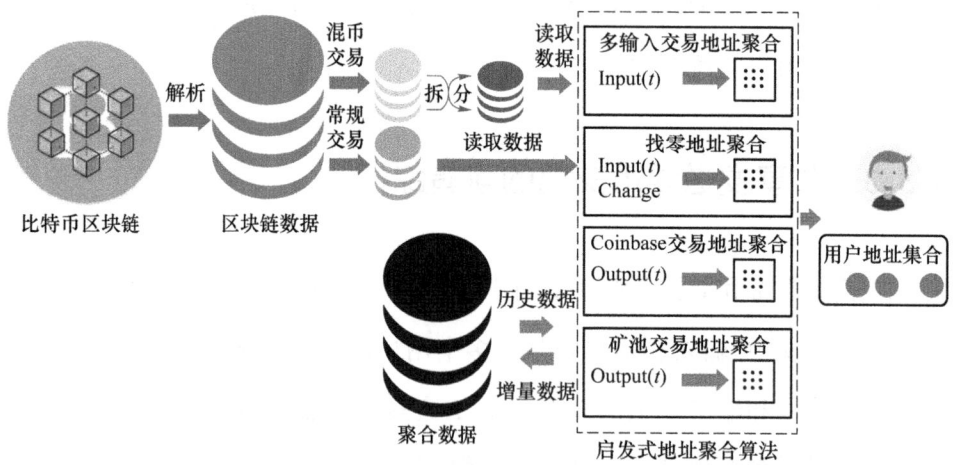

图 6.2 混币交易模式下的基于地址关联的身份识别系统模型图

## 6.5 共享发送混币交易的比特币用户身份识别分析

为了表述本章的研究内容,首先形式化定义如下内容:

**定义 6.1(比特币交易 $t$)** $t=(\text{IN},\text{OUT},\text{FEE})$,$\text{IN}=\{(\text{IN}_i,\text{in}_i)\mid 1\leqslant i\leqslant n\}$,$\text{OUT}=\{(\text{OUT}_j,\text{out}_j)\mid 1\leqslant j\leqslant n\}$,$\text{FEE}=\text{fee}(t)$。

其中:IN 为交易输入有限集,每个输入表示为 $(\text{IN}_i,\text{in}_i)$,即地址 $\text{IN}_i$ 和输入的值 $\text{in}_i>0$ 的有序对;OUT 为交易输出有限集,每个输出表示为 $(\text{OUT}_j,\text{out}_j)$,即地址 $\text{OUT}_j$ 和输入的值 $\text{out}_j>0$ 的有序对;FEE 为交易费用,每笔交易的费用表示为 $\text{fee}(t)=\Sigma \text{in}_i-\Sigma \text{out}_j\geqslant 0$。

**定义 6.2(共享发送交易)** 多个用户的交易压缩成一笔交易,该交易具有多个输入和多个输出(Muti-Input and Muti-Output),这样的交易称为共享发送交易。

需要注意的是,共享发送混币交易是一种常见的无中心混币交易类型,不一定是由混币服务商生成的,而是由共享发送的混币机制实现。共享发送混币机制来源于典型的无中心混币协议 Coinjoin。

**定义 6.3(简单交易)** 不属于共享发送操作,即交易是由同一用户(实体)发起。所有其他类型的交易统称为复杂交易。

### 6.5.1 共享发送混币交易的识别

多输入和多输出交易不一定由混合服务生成(这只是一种可能性),那么如何确定其是否属于混币交易,即符合定义 6.2 的交易是本节主要讨论的问题。对于非混币交易,通常由单个用户(实体)创建,交易的多个输入均属于该用户(实体)。相反,对于共享发送混币交易,交易的输入属于多个用户(实体)。将多输入交易启发式关联规则应用于混币交易可能导致出现不正确的结论。例如,错误地将属于不同用户(实体)的地址归属于同一用户(实体)。本节给出多输入和多输出交易中常规交易实例和混币交易实例,分别如图 6.3 和图 6.4 所示。其中顶点对应于交易的输入和输出,所有顶点的权值都为正,且对应于与相应交易输入或输出相关联的比特币数量。

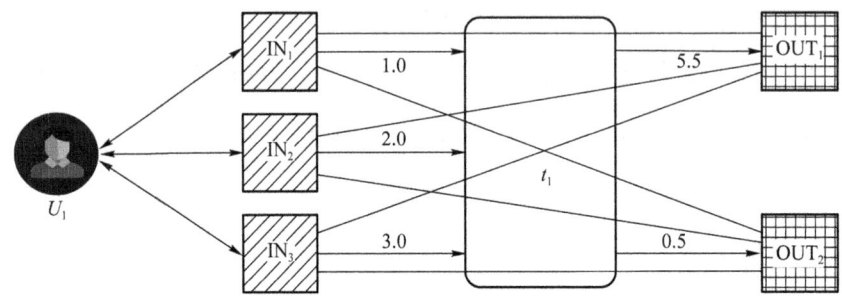

图 6.3　多输入和多输出交易中常规交易示例图

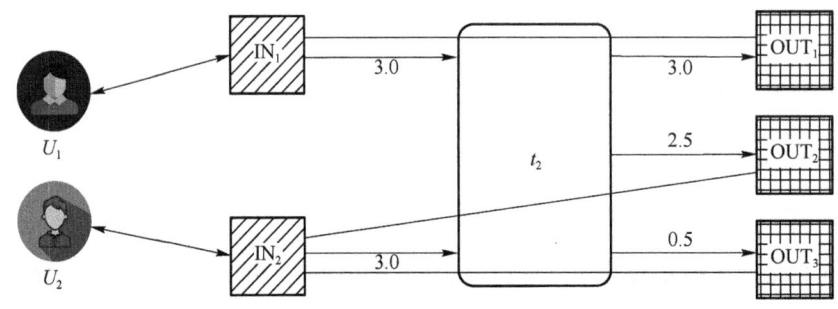

图 6.4　多输入和多输出交易中混币交易实例图

**1. 多输入和多输出交易中的常规交易识别**

图 6.3 展示了共享发送交易中常规交易实例。用户 $u_1$ 发起了一笔交易 $t_1$。交易 $t_1$ 的输入集合 $IN=\{IN_1,IN_2,IN_3\}$,对应的输入值 $in=\{1.0,2.0,3.0\}$;输出集合 $OUT=\{OUT_1,OUT_2\}$,对应的输入值 $out=\{5.5,0.5\}$。双向箭头的线表示用户和地址的所属关系,单向箭头带数值的线表示交易

输入和输出的比特币的数量,无箭头的线表示比特币可能的流向。

假设交易 $t_1$ 的输入地址 IN 都由用户 $u_1$ 控制。如果我们将此交易形式化的表示为图 $G(t)=(V,E)$,则顶点 $V=IN\cup OUT$,边 $E\subseteq IN\times OUT$。

图 $G(t)$ 的每个输入节点至少连接一个输出节点。对于非混币交易,交易图 $G(t)$ 是一个完全图,即每个输入都连接到了交易的每个输出。这对应的事实是:交易的所有输入都由同一个用户(实体)控制,该用户(实体)将比特币流向交易的所有输出地址(这些输出地址可能属于该用户,也可能不属于该用户)。

**定义 6.4(多输入和多输出交易中的常规交易)** 在共享发送交易中,以交易 $t$ 的输入集合 IN 和输出集合 OUT 为顶点构成图 $G(t)$,表示为 $G(t)=(V,E)$。其中,顶点 $V=IN\cup OUT$,边 $E\subseteq IN\times OUT$。如果 $G(t)$ 为完全图,则交易 $t$ 为多输入和多输出交易中的常规交易。

**2. 多输入和多输出交易中的混币交易识别**

图 6.4 展示了多输入和多输出交易中混币交易实例。用户 $u_1$ 和用户 $u_2$ 共同发起了一笔混币交易 $t_2$。交易 $t_2$ 的输入集合 $IN=\{IN_1,IN_2\}$,对应的输入值 $in=\{3.0,3.0\}$;输出集合 $OUT=\{OUT_1,OUT_2,OUT_3\}$,对应的输入值 $out=\{3.0,2.5,0.5\}$。双向箭头的线表示用户和地址的所属关系,单向箭头带数值的线表示交易输入和输出的比特币的数量,无箭头的线表示比特币可能的流向。

假设观察交易 $t_2$ 无法判定其输入 IN 是由同一用户(实体)还是多个用户(实体)控制。同样,我们将此交易形式化的表示为图 $G(t)=(V,E)$,则顶点 $V=IN\cup OUT$,边 $E\subseteq IN\times OUT$。

图 $G(t)$ 的每个输入节点至少连接一个输出节点。对于混币交易,交易图 $G(t)$ 是一个不完全图,即每个输入不会连接到交易的每个输出。这对应的事实是交易的所有输入都由多个用户(实体)控制。图 6.4 展示的情况可以分解为:用户 $u_1$ 发起了一个交易,交易的输入集合 IN={$IN_1$},对应的输入值 in={3.0},输出集合 OUT={$OUT_1$},对应的输入值 out={3.0};用户 $u_2$ 发起了另一个交易,交易的输入集合 IN={$IN_2$},对应的输入值 in={3.0},输出集合 OUT={$OUT_1$,$OUT_2$},对应的输入值 out={2.5,0.5}。

**定义 6.5(多输入和多输出交易中的混币交易)** 在多输入和多输出交易中,以交易 $t$ 的输入集合 IN 和输出集合 OUT 为顶点构成图 $G(t)$,表示为 $G(t)=(V,E)$。其中,顶点 $V$=IN∪OUT,边 $E$⊆IN×OUT。如果 $G(t)$ 为不完全图,则交易 $t$ 为共享发送混币交易。

## 6.5.2 共享发送混币交易的可拆分性分析

由于共享发送的混币交易没有隐藏交易金额,为了发现其脆弱性,本章利用共享发送混币交易的交易金额对该类混币交易进行分析。为了研究混币交易的可拆分性,本小节将交易分为以下 4 类。

**定义 6.6(可拆分的共享发送交易)** 允许将唯一的共享发送混币交易分解为几个子交易来描述比特币的流动情况,那么该类共享发送混币交易是可拆分的。

可拆分的共享发送交易存在至少一种合理的交易组合,即可以将多个用户混合的交易逆向拆分成多个用户的单个交易。可拆分交易必须满足如下条件:

① IN∩OUT=∅,即交易的输入地址集和输出地址集不相交;

② 对于交易图 $G(t)$ 中的任何连通分量,该分量的输入值之和 $\Sigma$in 与输出值之和 $\Sigma$out 满足 $\Sigma$in≥$\Sigma$out;

③ 如果交易 $t$=(IN,OUT,FEE),存在一个非空集合(IN′,OUT′),其中,IN′∈IN,OUT′∈OUT,若满足 $\Sigma$out′+fee($t$)≥$\Sigma$in′≥$\Sigma$out′,就称交易 $t$

# 第 6 章 | 混币交易模式下的区块链数字货币用户身份识别

可能存在一种拆分方式；

④ 交易输入地址和输出地址映射关系为：$IN' \rightarrow OUT'$，$IN - IN' \rightarrow OUT - OUT'$。

接下来通过交易实例进行加以说明，具体的实例如图 6.5 所示。

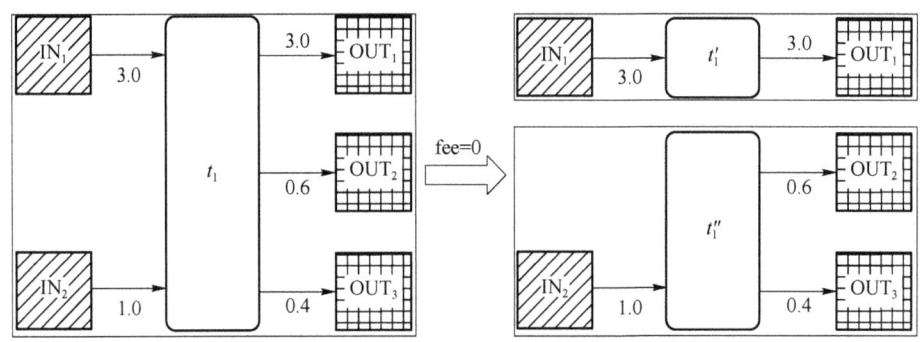

图 6.5 拆分确定性共享发送交易示例图

图 6.6 描述了共享发送混币交易 $t_1$ 的两种可能的拆分方式。图 6.6(a) 描述了上部的两个输入 $IN_1$，$IN_2$ 和两个输出 $OUT_1$，$OUT_2$ 的拆分组合，以及下部的两个输入 $IN_3$，$IN_4$ 和两个输出 $OUT_3$，$OUT_4$ 的拆分组合。这两个拆分组合资金流 $\Sigma in - \Sigma out$ 均为 0，符合定义 6.6 的要求，属于合理拆分。图 6.6(b) 描述了上部的两个输入 $IN_1$，$IN_2$ 和两个输出 $OUT_1$，$OUT_4$ 的拆分组合，以及下部的两个输入 $IN_3$，$IN_4$ 和两个输出 $OUT_2$，$OUT_3$ 的拆分组合。这两个拆分组合资金流 $\Sigma in - \Sigma out$ 分别为 $-2$ 和 $2$，不符合定义 6.6 的要求，属于不合理拆分。

**定义 6.7（拆分确定性共享发送交易）** 若一笔共享发送交易满足定义 6.6 可拆分且拆分方式唯一，那么称该交易为拆分确定性交易。

如图 6.5 所示，根据定义 6.6 的要求 $\Sigma in \geqslant \Sigma out$，交易 $t_1$ 只存在一种拆分方式，因此交易 $t_1$ 为拆分确定性交易。

**定义 6.8（拆分歧义性共享发送交易）** 若一笔共享发送交易满足定义 6.6 可拆分且存在多种合理的拆分组合，那么称该交易为拆分歧义性共享发送交易。

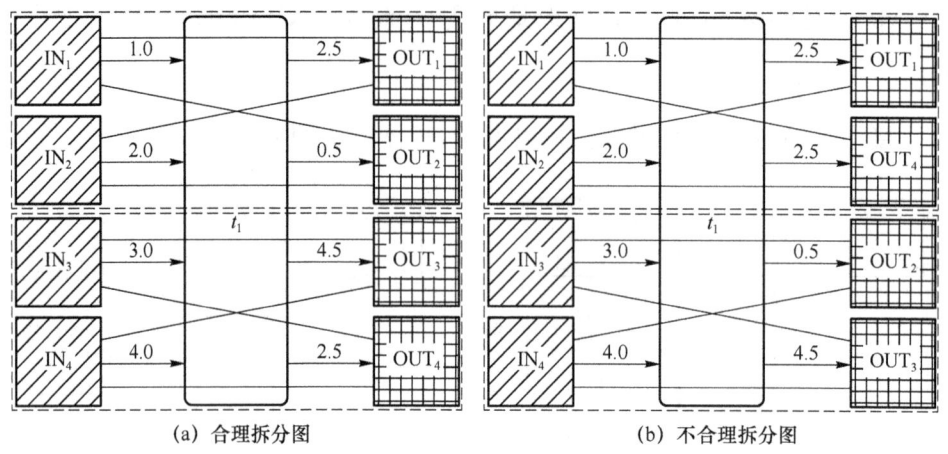

图 6.6 共享发送可拆分混币交易示例图

如图 6.7 所示,根据定义 6.6 的要求 $\Sigma in \geqslant \Sigma out$,交易 $t_1$ 存在多种拆分方式,因此,交易 $t_1$ 为拆分歧义性共享发送交易。

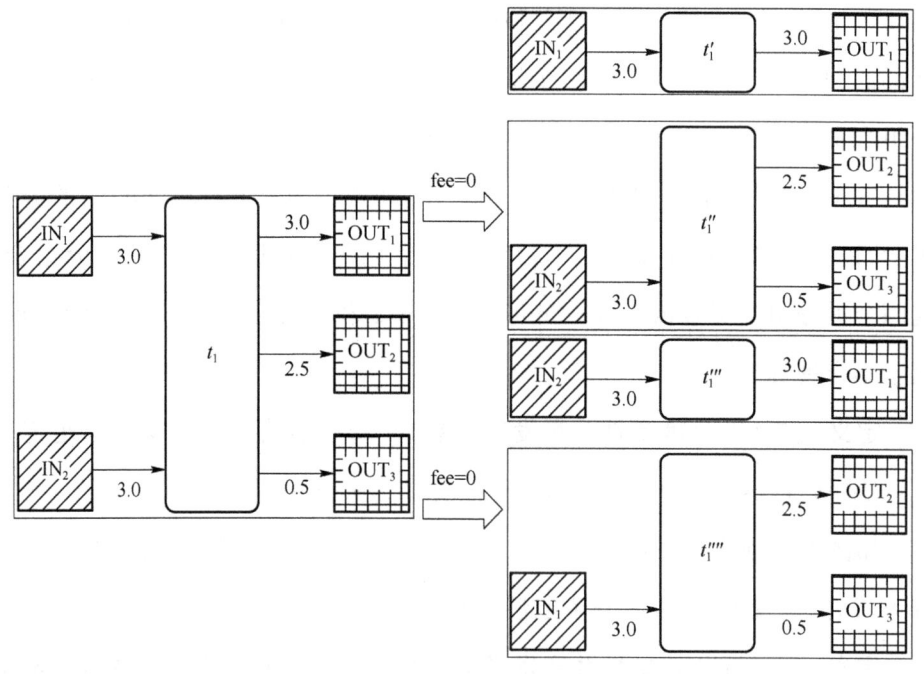

图 6.7 拆分歧义性共享发送交易示例图

**定义 6.9（无法辨识的共享发送交易）** 由于计算的限制，无法识别交易到底属于简单交易还是可拆分交易。与其他类别不同的是，一组无法辨识的交易取决于可使用的计算资源的数量。也就是说，若有了无限的资源，那么任何无法辨别的交易都可以分为简单交易或可拆分交易。

## 6.5.3 共享发送混币交易的拆分优化算法

如果拆分歧义性共享发送交易 $t$ 存在输入或输出金额小于交易费用，即 $in_i <$ fee$(t)$ 或 $out_i <$ fee$(t)$ 的情况，那么可以考虑忽略该小额输入 $in_i$ 或输出 $out_i$，并将 $in_i$ 对应的输入地址 $IN_i$ 或 $out_i$ 对应的输出地址 $OUT_i$ 从交易图 $G(t)$ 中去除，迭代删除 $(IN_i, in_i)$ 或 $(OUT_i, out_i)$ 后，交易 $t$ 可能会变为拆分确定性交易。使用这种删除小额输入或输出的方式可以优化拆分歧义性共享发送交易，具体的示例如图 6.8 所示。

在图 6.8 中，交易 $t_1$ 的 fee$(t)=0.4$ 枚比特币，此时 $\exists in_3 \in$ Input$(t)$ 且 $in_3 <$ fee$(t)$，将 $(IN_3, in_3)$ 从 Input$(t)$ 中移出，变换后的交易如图 6.8 中 $t_1'$ 和 $t_1''$ 所示，更新后的交易费用为 fee$'(t)=$ fee$(t)-in_3=0.3$ 枚比特币。变换后的交易 $t_1'$ 和 $t_1''$ 的输入和输出集合中若不存在小于交易费用的情况，则停止删除，否则迭代删除。上述操作后，交易 $t_1$ 变化为拆分确定性交易，而且可以分解为 $t_1'$ 和 $t_1''$ 两个子交易。算法流程如图 6.9 所示。

综述上所述，通过迭代删除小额的输入和输出来优化拆分歧义性共享发送交易需要满足以下 3 个条件：

① 交易 $t$ 至少 $\exists in_i \in$ Input$(t) \| out_i \in$ Output$(t)$ 且 $in_i <$ fee$(t) \| out(i) <$ fee$(t)$；

② 交易 $t$ 为可拆分共享发送交易性，即满足定义 6.6 的要求；

③ 交易 $t$ 未删除之前具有拆分的歧义性，即满足定义 6.8 的要求；

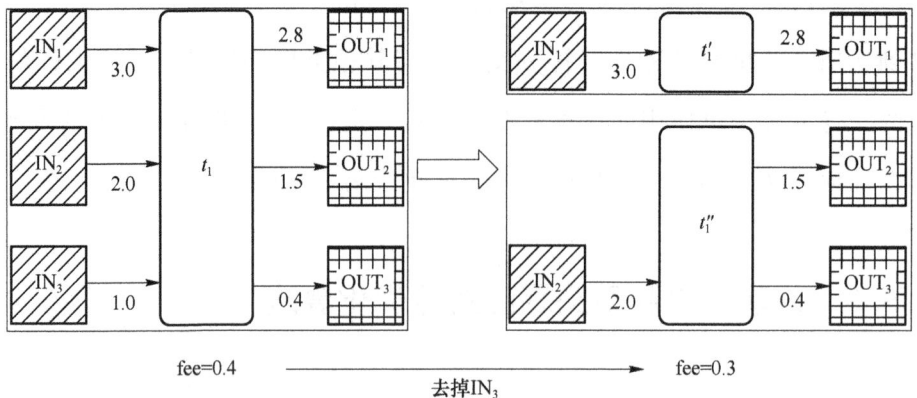

图 6.8 删除小额输入或输出交易变换示例图

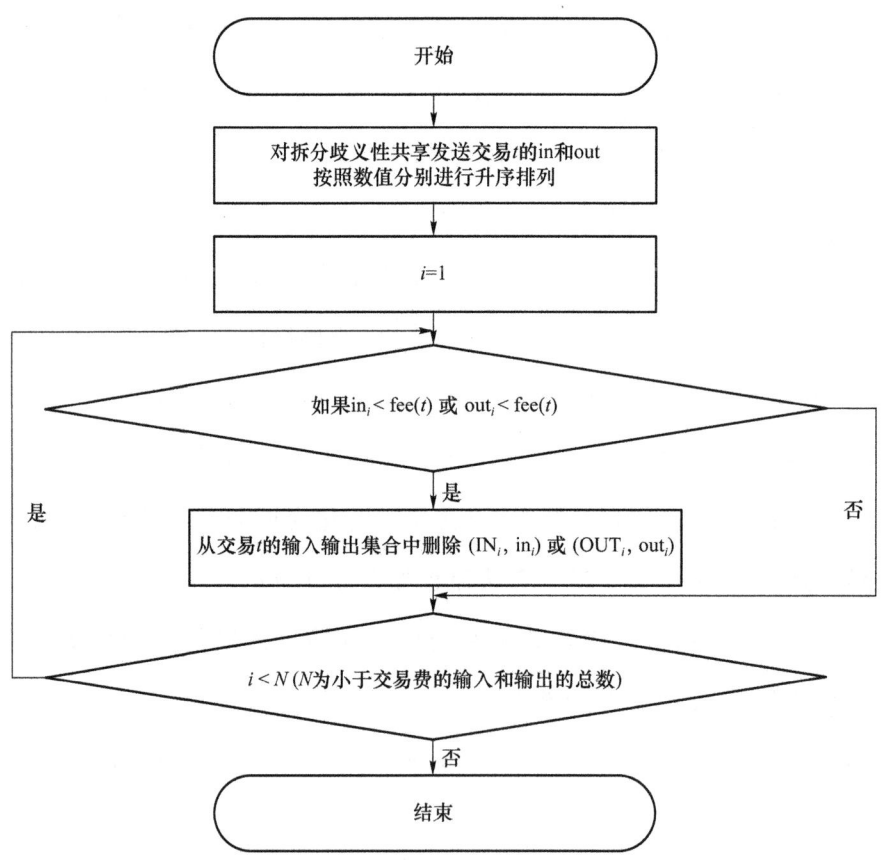

图 6.9 共享发送混币交易的拆分优化算法流程图

基于迭代删除小额的输入和输出来优化拆分歧义性共享发送交易的描述如算法 6.1 所示。

通过拆分优化可以将拆分歧义性共享发送交易排除在无法辨识交易的范畴之外,算法 6.1 是迭代地从交易中删除小的输入,然后从交易中删除小的输出,并相应地调整交易费用。如果首先考虑交易输出,则可能会产生略有不同的拆分结果。

**算法 6.1** 共享发送混币交易的拆分优化算法

**Input**:交易 $t = (\text{IN}, \text{OUT}, \text{FEE})$;
**Output**:优化后的交易 $t'$;
1:初始化 $t' = t$;
2:将交易 $t'$ 中所有输入按其值的升序排列;
3: **for** $(\text{IN}_i, \text{in}_i) \in \text{IN}$ **do**
4:    **if** $\text{in}_i < \text{fee}(t)$ **then**
5:从 $t'$ 的输入中删除 $(\text{IN}_i, \text{in}_i)$,并修改其费用 $\text{fee}(t) = \text{fee}(t) - \text{in}_i$;
6:    **else**
7:       break;
8:    **end if**
9:使用修改的费用和输入集对交易 $t'$ 执行普通处理,以确定其所有最小可接受分区 $P_i$;
10:计算 $\sigma = \max_{P_i} \min(\Sigma \text{in}_k - \Sigma \text{out}_k)$,其中 $\Sigma \text{in}_i$ 和 $\text{out}_i$ 表示分区 $P_i$ 中的第 $k$ 个最小可连接对的输入金额和输出金额;
11:从交易 $t'$ 的输出集合中删除所有输出金额值小于 $\sigma$ 的元素,修改交易费为 $\text{fee}(t) = \text{fee}(t) + \Sigma \text{out}$,其中 out 为被删除的输出金额;
12: **end for**
13: **return** 优化后的交易 $t'$;

## 6.5.4 共享发送混币交易的拆分算法

为了实现对共享发送混币交易的有效处理,需要对其进行合理的拆分,根据本章前面内容的研究,本小节对拆分进行整理描述。

共享发送混币交易的拆分算法流程如图 6.10 所示,可以被概况为:第一,

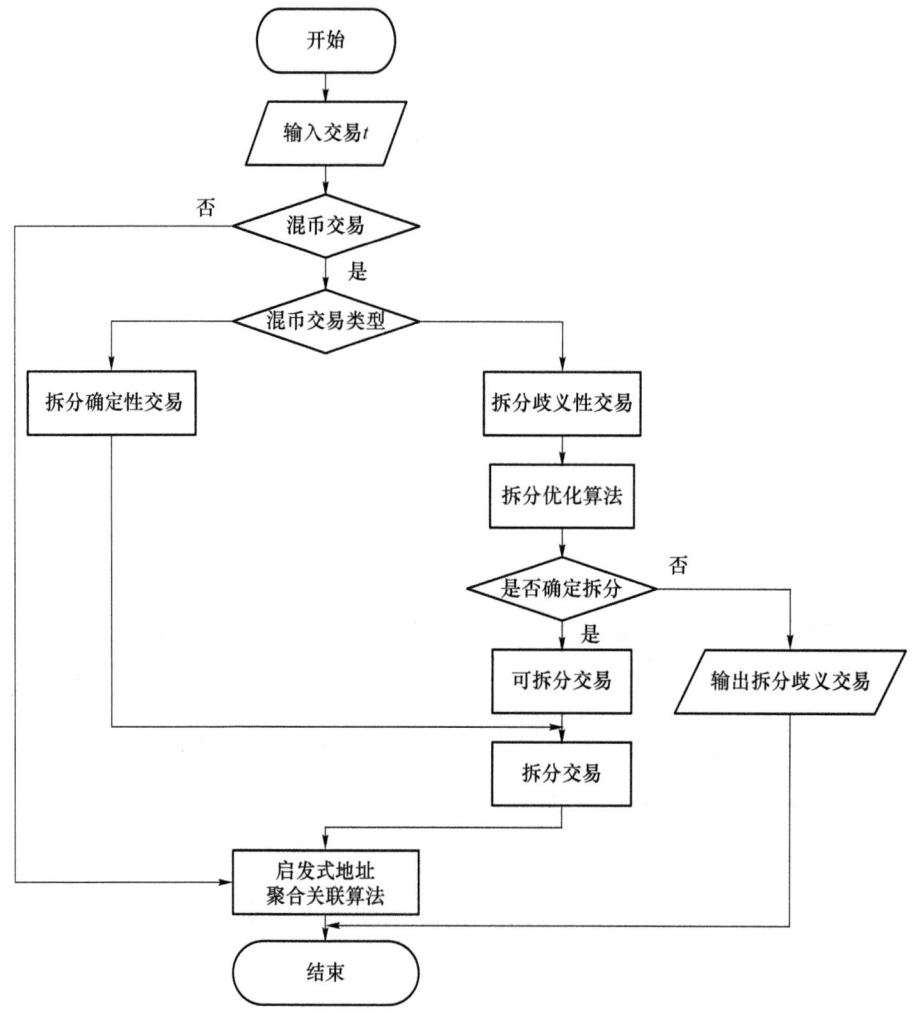

图 6.10 共享发送混币交易的拆分算法流程图

输入交易 $t$，将其预处理为 $G(t)=(V,E)$，并判断其是否为共享发送混币交易，即是否符合定义 6.2 的要求；第二，根据交易 $t$ 的 in 和 out 的值，判定其是否为可拆分共享发送交易，即是否符合定义 6.6 的要求；第三，区分其为拆分确定性共享发送交易还是拆分歧义性共享发送交易，即是否符合定义 6.7 或定义 6.8 的要求；第四，针对拆分歧义性交易使用优化算法 6.1，简化交易结构，消除拆分歧义；第五，将拆分确定性共享发送交易进行拆分。由于该算法属于 NP 问题，且受计算资源的限制，有些拆分歧义性共享发送的交易可能无法去除其歧义性。

完成共享发送混币交易的拆分后，子交易可以利用第 5 章中介绍的启发式地址聚合关联算法完成最后的地址聚合关联分析。基于金额的共享发送混币交易拆分算法如算法 6.2 所示。

在上述基于交易地址和交易金额实现共享发送混币交易的拆分过程中，如果发现有些地址已经具有聚合关联标签，即已被聚合关联过，则就可以使用启发式地址聚合关联算法将与之关联的其他地址归入同一集合，从而起到快速拆分和取消拆分歧义性的作用。聚合关联标签已在 6.5.3 节中进行了描述。

---

**算法 6.2** 基于金额的共享发送混币交易的拆分算法

---

**Input**：交易 $t=(\text{IN},\text{OUT},\text{FEE})$；

**Output**：拆分后的交易 $T$；

1：初始化交易输入有限集 $\text{IN}=(\text{IN}_i,\text{in}_i)$ 和输出有限集 $\text{OUT}=(\text{OUT}_j,\text{out}_j)$，并对集合 in 和 out 进行升序排列；

2：**for** $(\text{IN}_i,\text{in}_i)\in \text{IN}$ 且 $(\text{OUT}_j,\text{out}_j)\in \text{OUT}$ **do**

3：  计算 $\sigma=\max_{P_i}\min(\Sigma\text{in}_k-\Sigma\text{out}_k)$，其中 $\Sigma\text{in}_i$ 和 $\text{out}_i$ 表示分区 $P_i$ 中的第 $k$ 个最小可连接对的输入金额和输出金额；

4：     **if** $P_1 \cap P_2 \cdots \cap P_i = \varnothing$ 且 $P_1 \cup P_2 \cdots \cup P_i = \text{IN} \cup \text{OUT}$ **then**

5：     $T = \{t_1, t_2, \cdots, t_m\}$，其中 $t_k$ 的输入有限集 $\text{IN} = (\text{IN}_k, \text{in}_k)$ 和输出有限集 $\text{OUT} = (\text{OUT}_k, \text{out}_k)$；

6：     **else**

7：     执行共享发送混币交易的拆分优化算法 6.1；

8：     **end if**

9： **end for**

10： **return** 拆分后的交易 $T$；

## 6.6 实验分析

本章所需的实验环境和测试数据集如 4.6 节所述。

### 6.6.1 混币交易的统计分析

本章选取了 2024 年 9 月 1 日—30 日的所有交易数据，包含 9 798 992 笔交易，作为本章的实验样本数据。

为了方便对混币交易进行研究，根据每笔交易的输入和输出地址的数量，将交易划分为 4 种类型，即一对一交易、多对一交易、一对多交易和多对多交易。在本章的实验样本中，各类交易的数量分布分别为：一对一交易 656 288 笔，约占 6.70%；多对一交易 331 644 笔，约占 3.38%；一对多交易 6 810 494 笔，约占 69.50%；多对多交易 2 000 566 笔，约占 20.42%。各类型交易数量分布如图 6.11(a)所示。根据共享发送混币交易的定义 6.2，可知共享发送混币交易属于多对多类型交易。因此,利用混币交易识别算法,对 2 000 566 笔多对多交易进行分析发现:简单交易 1 728 289 笔,约占 86.39%;拆分确定性混币交易 123 235 笔,约占 6.16%;拆分歧义性混币交易 100 628 笔,约占 5.03%;由于计算能力和时间的限制,无法辨别的交易 48 414 笔,约占 2.42%。综上所述,实验样本数据中共享发送混币交易约占:20.42%×(6.16%+5.03%)=2.28%,各类型交易数量分布如图 6.11(b)。

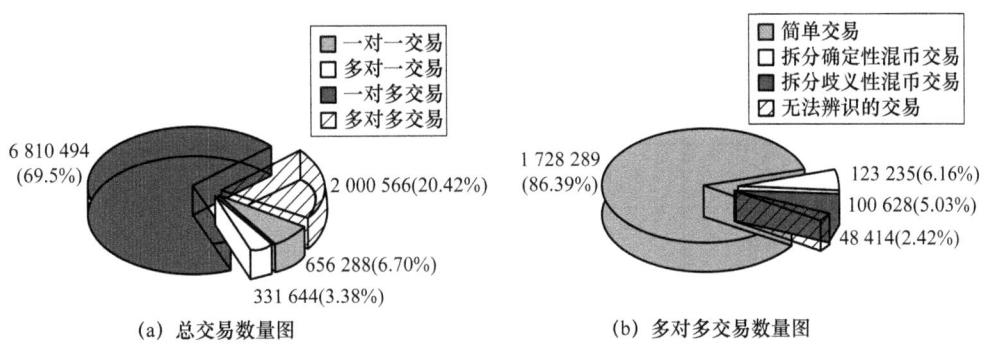

图 6.11 实验样本各类交易数量

## 6.6.2 准确率与召回率分析

实验数据采用公开的比特币网络交易数据,即同样使用为公共比特币网络数据提供专业聚合服务的网站 Walletexplorer.com,作为实验聚合关联结果的对比参考。本实验假设该网站的结果是正确且全面的。在本实验中采用和第 5 章同样的 4 个不同数量的数据集作为实验数据。

从 4 种数据集中提取数据并使用启发式聚合关联算法、混币交易识别算法和混币交易拆分算法进行聚合关联。表 6.1 和图 6.12 比较了使用这 4 种数据集获得的聚合结果。4 种数据集的平均准确率为 92.23%,平均召回率为 99.08%,结果与常规交易模式下的地址聚合关联方法分别提升了 4.69% 和 1.00%。这一结果说明,在考虑混币的情况下聚合关联的结果有了一定的提升。同样需要说明的是,地址数量的增加会导致准确率的降低,主要是因为基于找零地址的规则可能会导致误报,以及计算能力和时间限制无法辨别的交易会导致无法识别。此外,出现误报的概率随着地址的增加而增加。

表6.1 混币交易模式下不同数据集合的准确率和召回率对比表

| 实验数据集 | 实验获得的地址数量($TN_2$) | 实验获得的正确的地址数量(CN) | 网站提供的地址数量($TN_1$) | 准确率(Accuracy rate)/% | 召回率(Recall rate)/% |
| --- | --- | --- | --- | --- | --- |
| 数据集1 | 9 | 9 | 9 | 100 | 100 |
| 数据集2 | 90 | 85 | 85 | 94.44 | 100 |
| 数据集3 | 527 | 465 | 472 | 88.24 | 98.51 |
| 数据集4 | 936 | 807 | 825 | 86.22 | 97.82 |

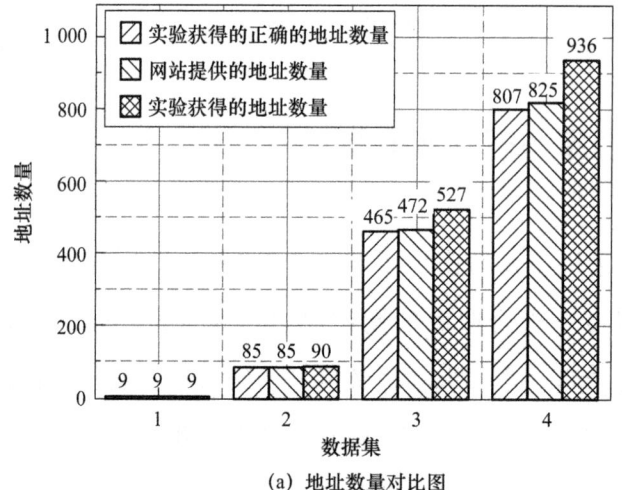

(a) 地址数量对比图

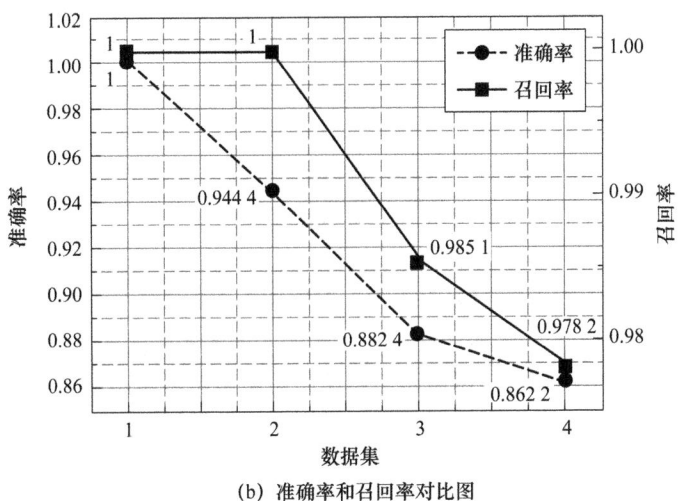

(b)准确率和召回率对比图

图 6.12 不同数据集的实验数据对比图

## 6.7 本章小结

本章首先根据混币的交易特征确定了混币交易模式下的基于地址关联的身份识别模型,其次研究了共享发送混币交易的识别、拆分、优化,再次根据研究给出了算法描述,最后给出了实验验证结果并进行了分析。

# 第 7 章

# 链上与链外多数据融合的区块链数字货币用户身份识别

针对身份识别依赖的数据源单一的问题,本章提出了一种链上和链外多数据融合的区块链数字货币用户身份识别的具体模型。以比特币为例,本章先利用链上交易时间戳、交易金额来优化基于地址聚合关联获得的结果,再利用链外获得的用户身份相关数据,以实现更加准确地比特币用户身份识别。实验结果表明:平均准确率为 95.24%,平均召回率为 99.39%;以 CryptoLocker 勒索地址为例研究发现了 968 个勒索地址,涉及 795 笔交易和 1 128.40 枚比特币的价值。

## 7.1 引　　言

比特币的伪匿名特性和交易的不可逆转特性吸引了大量的用户,这些用户使用比特币进行各种各样的交易活动。但是,比特币的这些特性导致了合法用户(他们希望高效和安全地转移资金)和网络罪犯(他们利用这些财产进行不可撤销的、据称无法追踪的金融欺诈)之间的矛盾。

# |第 7 章| 链上与链外多数据融合的区块链数字货币用户身份识别

比特币引入了一种分布式全球账本，即区块链，它序列化存储了所有已确认交易的记录。区块链是一项根本性的技术突破，它使比特币系统能够在分布式网络中运行。在这种网络中，用户将比特币地址作为假名进行交易，并将比特币转移到其他地址，然后向公共区块链广播。由于所有已确认的交易被记录在区块链上并且全网公开，区块链固有的透明度已被证明在保护其用户（合法用户和网络罪犯）的匿名性方面是无效的。虽然比特币地址本身并没有明确地与任何现实世界的用户（实体）绑定。但是，最近的一些研究结果表明，比特币的流动和地址可以通过区块链数据结构进行链接跟踪，如第 5 章研究所述。尽管有许多试图在不同程度上加强用户隐私的方式（如混币机制），但用户的隐私保护削弱了比特币地址与用户（实体）身份的关联，从而导致比特币的监管有一定的难度。但是，第 6 章的研究结果表明，基于共享发送的混币交易可以揭示用户的身份。

由于比特币地址所有者不需要披露自己的身份信息，所以利用区块链上的信息分析获得的结果不具备绝对正确性。但是，比特币用户在比特币区块链外留下的数据给比特币用户的真实身份识别提供了一定的线索，可用于发现属于比特币地址的身份。这些链外数据包括网络用户的比特币地址、论坛用户名、在线匿名市场和受欢迎的比特币服务中的比特币流通情况等。此外，如果某些比特币地址在标签（关键词，如公司名称或用户名）相同的数据集合中被提到，那么可以说该地址也应该有这样一个标签。

有些学者研究比特币区块链外数据是为了过滤比特币区块链上数据分析结果中的错误。例如：Reid 和 Harrigan 利用公开捐赠网站发布的与比特币地址和身份相关数据进行比特币身份识别研究；Ron 和 Shamir 利用用户在 WikiLeaks 公开的比特币进行相关数据关联后，给出了结果。这些研究利用链外数据进行结果验证，或者基于行为进行比特币身份识别，以及使用标签进行地址分类或风险评估。

本章的研究目的是提供一种利用地址聚合关联的链上与链外数据相结合模式的身份识别方法,并利用链外数据提升聚合关联结果的准确度。主要内容有:

① 提出了一种基于链上与链外数据相结合模式的身份识别具体模型,模型为准确地识别比特币地址身份提供一种新的思路。

② 提出了一种利用链外数据与启发式地址聚合关联相结合识别比特币用户身份的新方法,研究了利用链上交易时间戳、交易金额和交易地址,并结合链外获得的地址身份数据,以更加细粒度的准确地识别地址身份。

③ 经过大量的实验验证了本章所提出方法的可行性和准确性。研究结果表明:平均准确率为95.24%,平均召回率为99.39%,且比混币交易模式下的地址聚合关联的准确率和召回率分别提升了3.01%和0.31%。

④ 以CryptoLocker勒索地址为例进行研究,发现了968个勒索地址,涉及795笔交易和1 128.40枚比特币的价值,使用所述方法再次将这些地址细粒度划分为17个分组,组内的地址交易更加密切。

## 7.2 相关工作

现有研究通过融合链上与链外异构数据,构建比特币用户身份关联模型,主要技术路径可分为三类。

(1) 公开数据驱动的身份关联

Reid与Harrigan利用捐赠网站(如Bitcoin Faucet)及论坛(如Bitcoin Talk)公开的IP地址、公钥及交易信息,溯源涉及25 000枚比特币盗窃案件的相关实体,并验证交易所订单簿对地址映射的可行性。Ron与Shamir基于WikiLeaks公开募捐地址,识别了其关联的83个集群地址(含1 088笔交易,总资产 2 605.25 枚比特币),揭示了单点身份泄露引发的全局隐私暴露风险。Ortega 开发脚本从 Bitcoin Talk 抓取了 4 000 个地址,通过用户声明的位置信息将其聚类为 1 825 个实体,部分用户存在多地址复用行为。Meiklejohn 团队则从 blockchain.info 标签及用户签名中提取 5 000 余个地址,并结合论坛数据增强关联分析。

(2) 自动化链外数据采集技术

Fleder 等通过解析 Bitcoin Talk 签名,在 30 h 内识别 2 322 名用户(2 404 个地址),并基于交易时间—金额窗口构建动态关联模型。Spagnuolo 团队开发区块链分析系统 BitIodine,集成网络爬虫自动抓取 Bitcoin Talk、Bitcoin-OTC 等平台的身份—地址映射数据,成功定位 Silk Road 与 CryptoLocker 勒索地址。Lischke 与 Fabian 整合 blockchain.info 及 ipinfo.io 的 IP 数据,累计采集 223 000 个 IP 地址(涉及 1 580 万笔交易),结合 Tor 节点列表与 VPN 代理库提升地理位置追踪精度。

(3) 混合数据溯源与验证方法

Baumann 等通过 blockchain.info 获取 IP 地址,关联 Mt.Gox 交易所地址,但指出多数 IP 仅反映网关节点信息。Biryukov 团队利用比特币节点状态数据(每 5 min 更新)估算服务器离线概率,优化网络拓扑分析。高峰等人提出"技术监管＋第三方审计"双轨模型,定期抓取链上/链外数据,通过多维度关联分析检测异常交易行为。

当前研究仍面临链外数据碎片化与噪声干扰问题,需构建跨平台异构数据融合框架,结合时空特征建模与隐私保护逆向工程,从而提升身份关联的鲁棒性与可解释性。

## 7.3 研究动机

### 7.3.1 基于地址关联的身份识别的准确性

第 5 章和 6 章的研究成果可以链接跟踪地址的关联关系,但由于比特币地址不关联用户身份信息,所以比特币用户身份识别除了依靠区块链上信息,还需要依靠多数据融合来提高其准确性。

### 7.3.2 已聚合关联的地址集合的身份识别细粒度

本章研究发现可以从比特币网络和区块链之外获取公开可用的链外数据,并且可用于发现属于比特币地址的身份。例如,捐赠网站包括与比特币地址相关的数据,用户自愿在论坛上公开比特币地址,大型和高度活跃的实体在 blockchain.info 网站上暴露的公开认可的数据,而且本网站的网外信息也可用于获取发起交易的比特币地址的 IP 地址。如果比特币地址在某些标签(关键词,如公司名称或用户名)相同的数据集中被提到,那么可以认为这个地址应该具有相同的标签。本章专门讨论链外数据收集、数据标签类型及其与集群的关系,旨在过滤比特币区块链上数据分析结果中的误判和漏判。

比特币用户的交易行为(如链上记录交易地址、时间戳和金额)可以帮助分析人员进行再次细粒度的划分已聚合关联的地址集合,从而实现准确地识别比特币用户身份。

第 7 章 链上与链外多数据融合的区块链数字货币用户身份识别

## 7.4 系统模型

本章采用的链上与链外多数据融合的比特币用户身份识别系统模型,如图 7.1 所示。首先,通过 WEB 爬取链外数据(与比特币用户交易活动有关的 IP 地址和用户身份信息等)以及通过解析程序获得方便利用的链上数据(交易地址、时间戳和金额)。然后,利用区块链上和链外多数据源相结合进行关联分析,从而准确地识别比特币用户身份。

(1) 比特币区块链上数据

比特币区块链上数据通过比特币客户端同步下载,再解析转化为可利用数据,具体参见 4.6 节内容。区块链上序列化地存储了所有已确认的交易记录,区块链固有的透明度提供了比特币的流动和地址的关联。因此,利用第 5 章和 6 章的研究成果可以链接跟踪地址的关联关系,从而识别比特币的用户身份。另外,链上交易的行为(如交易时间戳和交易金额)也能为地址聚合关联集合进行细粒度划分提供依据。

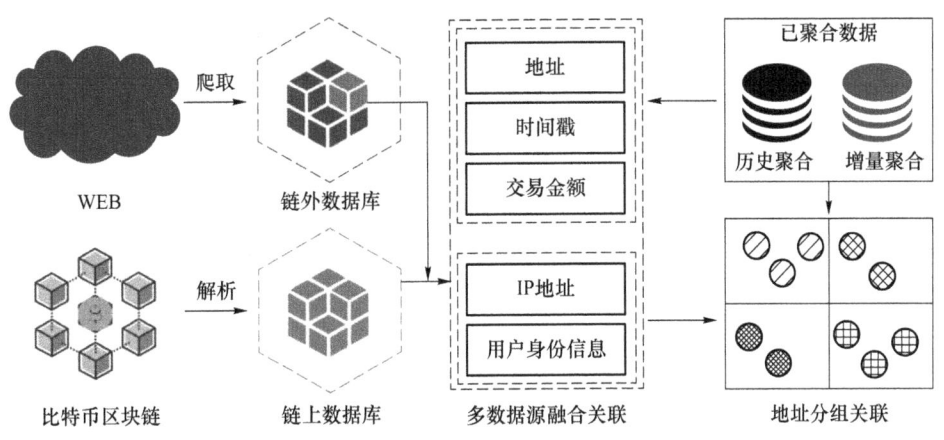

图 7.1 链上与链外多数据融合的比特币用户身份识别系统模型

(2) 比特币区块链外数据

比特币区块链外数据可以通过爬虫进行网络爬取而获得,具体参见 6.5.1 节内容。虽然比特币地址不会关联用户身份信息,没有确切的证据来识别比特币用户身份,但是比特币用户在比特币区块链外留下的数据给比特币用户的身份识别提供了一定的线索,可用于发现比特币地址的用户身份。在此基础上,再利用明确身份的地址作为种子参与到第 5 章和 6 章研究的启发式地址聚合关联算法中,从而有效地减少误判和漏判。因此,通过比特币区块链上和链外多数据源相结合的模式可以实现细粒度的准确地比特币用户身份识别。

## 7.5 链上与链外多数据融合的区块链数字货币用户身份识别分析

### 7.5.1 链外数据收集

本章将比特币区块链外数据的收集分为被动收集和主动收集两类。

(1) 被动收集

被动收集是指对公共论坛(如 Bitcoin Talk、BTCChina 和 Reddit),以及网络黑市(如 SilkRoad、Hub Marketplace 和 Alphabay)进行 WEB 爬取比特币用户身份相关数据。

(2) 主动收集

主动收集是指对比特币业务公司进行手工分析,并对数据交易流程进行分析。最常见的比特币业务公司包括交易所、市场、矿池和混币服务机构。有些公司通常使用带有特定前缀的地址。本章研究发现:Satoshi

Bones 俱乐部使用 1change 和 1bones 前缀，BTC-E 交易所使用 1eEUR 和 1eUSD 前缀，以 1MartinHafernikorn 和 1Ninja 开始的地址如果有强大的计算能力也可以识别其用户身份。

本书的爬虫程序采用 Scrapy 爬虫框架和 Python 包所编写，通过广度优先的方式爬取 WEB 页面。本书被动收集和主动收集了 Bitcoin Talk、BTCChina 等 100 个数据源的链外数据，并将这 100 个数据源分为 6 个类别，在分类和处理后得到的数据如表 7.1 所示。由于初步收集到的标签没有进行标准化处理，因此称为脏数据，且这些脏数据大多是无信息后缀（例如,.com、.co、@gmail)、字母的大小写掺杂，以及打印错误等。

处理脏数据是为了消除描述的缺陷，并使数据在此过程中变得易于处理。处理之后的数据包含了超过 100 万个干净标签和 279 个唯一值（如 Bitstamp 和 Eligius 矿池等）。

表 7.1 链外数据来源和标识唯一的干净标签数量表

| 数据来源类别 | 标识唯一的干净标签数量 |
| --- | --- |
| 服务站点 | 59 |
| 赌博站点 | 63 |
| 混币服务 | 6 |
| 暗网市场 | 18 |
| 交易所 | 87 |
| 矿池 | 46 |

只有一个标签（BTCChina）同时属于 exchange 和 mining pools 两个类别。预处理留下了 335 000 个脏标签和大约 105 000 个唯一值（mrdeposit、crypto_bot 等）。需要说明的是，原则上这些数据仍然是有用的，但需要更强的计算能力和更长的时间进行处理才能加以利用。

纵观整个链外数据,可以发现一些地址有多个不同的干净标签,各干净标签类别对应的地址数量如表 7.2 所示。例如,有些地址可能分布在 2～3 个类别,每个类别中有一个标签,或者在一个类别中有多个标签。这种情况可能表明同一用户(实体)拥有不同类型的资源,也可能是数据收集预处理的问题。

具有不同干净标签的数据源存在两种情况:一是经过分析后确定归属同一用户(实体)的标签,如带有标记 coin.com(exchange)和 BitLaunder.com(mixer)的地址,在互联网上搜索发现,这两个服务都属于同一用户(实体);二是来自某些类别的标签不太可能属于同一用户(实体),如知名的交易所不可能与一些黑市地址相关联。本实验收集了不同的干净标签的外观信息,如表 7.2 所示,这些数据可以用于指导进一步聚合关联。对于具有多个干净标签的数据源进行进一步整理和细化。可能属于同一用户(实体)的数据标签称为相容标签。不可能属于同一用户(实体)的称为互斥标签,即其中一个标签对应于暗网市场,另一个对应服务站点、混币服务、赌博站点。标签中出现这样的情况很可能是标记过程中的缺陷,可以通过再次标记数据源的互斥归属以减少错误的判断率,链外数据来源互斥情况如表 7.3 所示,并将这些互斥标签对初始化到集合 $L=\{l_i,l_j\}$ 中。

表 7.2 各干净标签类别对应的地址数量表

| 数据来源 | 服务站点 | 赌博站点 | 混币服务 | 暗网市场 | 交易所 | 矿池 |
|---|---|---|---|---|---|---|
| 服务站点 | 135 468 | 47 632 | 0 | 0 | 605 | 174 |
| 赌博站点 | 56 428 | 103 266 | 0 | 0 | 0 | 10 |
| 混币服务 | 0 | 0 | 0 | 0 | 2 014 | 2 |
| 暗网市场 | 0 | 0 | 0 | 0 | 12 | 17 |
| 交易所 | 356 | 0 | 1 436 | 18 | 543 673 | 163 805 |
| 矿池 | 177 | 8 | 2 | 20 | 166 305 | 1 420 |

表 7.3 链外数据来源互斥情况表

| 数据来源 | 服务站点 | 赌博站点 | 混币服务 | 暗网市场 | 交易所 | 矿池 |
| --- | --- | --- | --- | --- | --- | --- |
| 服务站点 | F | A | F | F | F | A |
| 赌博站点 | A | F | F | F | F | A |
| 混币服务 | F | F | F | F | F | F |
| 暗网市场 | F | F | F | F | F | F |
| 交易所 | F | F | F | F | F | F |
| 矿池 | A | A | F | F | A | F |

## 7.5.2 链上与链外多数据融合的地址聚合关联算法

链上与链外多数据融合的地址聚合关联算法是将链上与链外多数据源作为算法的输入,以获得更加准确的地址分类。这里的链上数据不仅包含交易地址,还包含交易数额和交易时间戳;链外数据包括爬取的用户公开的比特币地址、用户身份信息、IP 地址、时间等。链上与链外多数据融合的方法能够有效提高比特币用户身份识别的准确率和召回率。如果爬取到的链外数据身份信息明确,则可以实现明确比特币地址的身份。

链上与链外多数据融合的地址聚合关联算法流程图如图 7.2 所示。首先,初始化链外数据并分类存入相应的数据集合、互斥标签对集合 $L=\{l_i, l_j\}$、已聚合关联的数据集合 $P=\{P_1,P_2,\cdots,P_n\}$。其次,将搜集到的链外地址 $a_i \in \{a_1,a_2,\cdots,a_n\}$ 分别进行聚合关联或归入已关联的地址集合。对于每一个地址 $a_i$,判断其是否已经被归入某一聚合关联集合。如果没有聚合关联过,则利用启发式地址聚合关联规则进行聚合关联,为该数据集合同类的地址添加相同标签;如果地址 $a_i$ 已聚合关联并且聚合集合无标签或者聚合

集合标签与地址 $a_i$ 标签不互斥,则根据地址标签标识该聚合关联集合 $P$,并为该集合其他地址添加同类标签;如果地址 $a_i$ 已聚合关联并且聚合集合标签与地址 $a_i$ 标签互斥,则从聚合关联集合中去除地址 $a_i$。

链上与链外多数据源相结合的聚合关联算法如算法 7.1 所示。

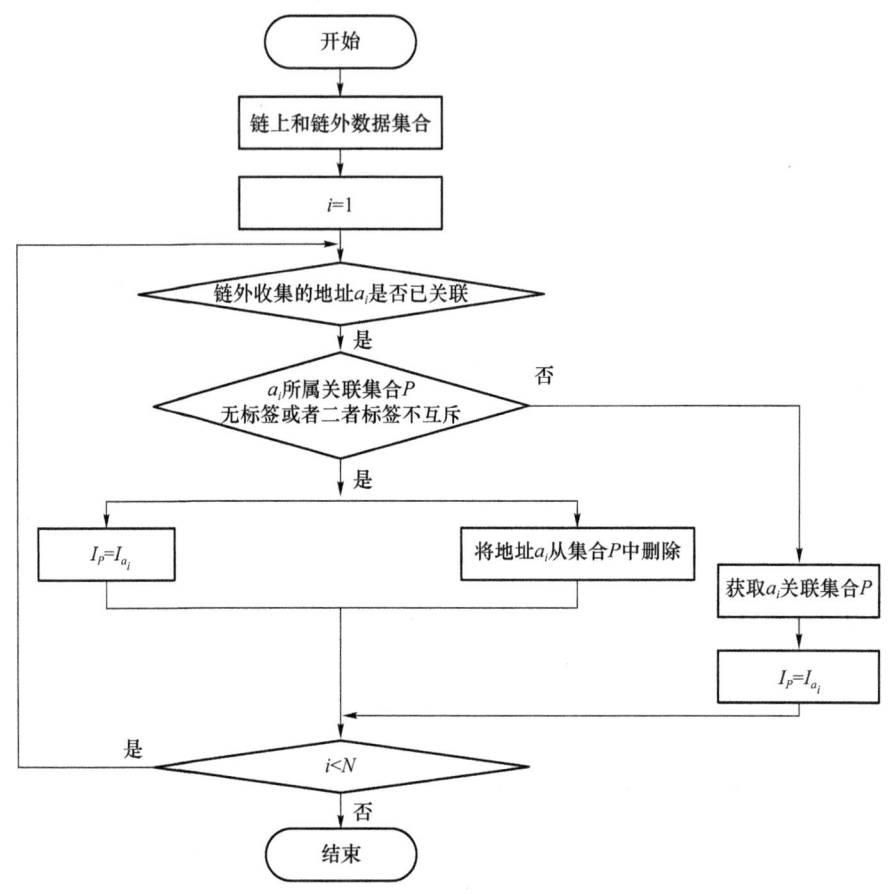

图 7.2 链上与链外多数据融合的地址聚合关联算法流程图

**算法 7.1** 链上与链外数据相结合的聚合关联算法

**Input**:链上和链外数据集合;

**Output**:地址聚合关联集合 $P$;

1:**for** 搜集到的链外地址集合 $a_i \in \{a_1, a_2, \cdots, a_n\}$ **do**

2: **if** $a_i \in P$ 且 $\{l_{a_i}, l_P\} \nsubseteq L$ **then**

3: $\quad l_P = l_{a_i}$;

4: **end if**

5: **if** $a_i \in P$ 且 $\{l_{a_i}, l_P\} \subset L$ **then**

6：从聚合关联集合 $P$ 中去除地址 $a_i$;

7: **end if**

8: **if** 地址 $a_i$ 无聚合关联 **then**

9：利用启发式地址聚合关联算法 5.1 进行聚合关联,生成关联集合 $P$;

10: $\quad l_P = l_{a_i}$;

11: **end if**

12: **end for**

## 7.5.3 基于链上交易时间戳和金额的地址关联优化算法

在一个聚合关联集合中,如果已聚合的地址对应的交易输入金额分布在具有相同的且有限个值(或者某些值的对应交易较多),就可以再次使用基于交易时间戳的方法对该聚合集合的地址进行再次确认或优化其归属。换句话说,我们可以利用交易金额和时间戳将原本聚合关联好的集合 $P$ 划分为若干个子集 $P_1, P_2, \cdots, P_i$。

本章利用假设累积分布的最大差异来检验两个样本是否属于同一个集合。首先,假设 $F_{P_1}(x)$ 和 $F_{P_2}(x)$ 是两个经验累积分布函数 $f_{P_1}(x)$ 和 $f_{P_2}(x)$ 的样本,其中 $n$ 为样本集合中元素的个数。然后从两个样本中计算经验累

积分布函数 $f_{P_1}(x)$ 和 $f_{P_2}(x)$。

为了计算 $f_{P_1}(x)$ 和 $f_{P_2}(x)$ 的测试统计量 D，需利用公式(7.1)求出给定的 $x$ 的所有值的最大绝对差。计算样本总体的所有排列之后，在每个排列的置信水平上利用公式(7.2)计算临界值 $D_{\text{crit}}$。如果 $D > D_{\text{crit}}$，则这两个分组属于同一个集合，否则这两个分组不属于同一个集合。可以利用该优化算法对已聚合关联的集合进行更加细粒度的划分。具体的算法流程如图 7.3 所示。

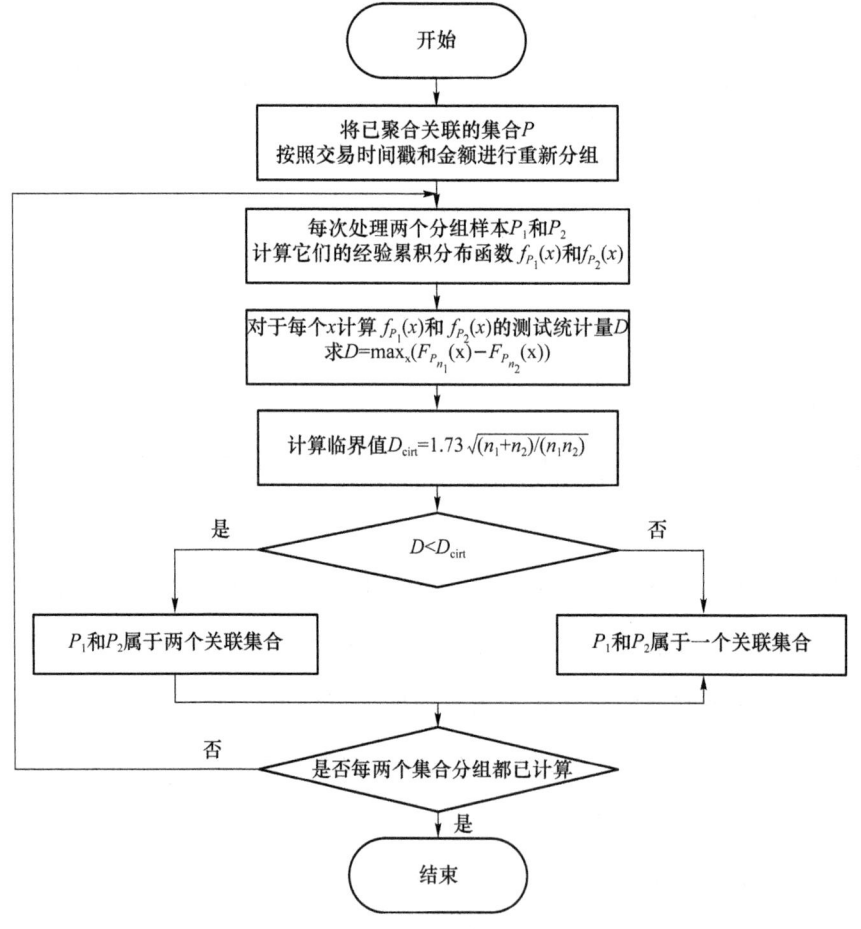

图 7.3 基于链上交易时间戳和金额的地址关联优化算法流程图

$$D = \max_x |F_{P_{n_1}}(x) - F_{P_{n_2}}(x)| \tag{7.1}$$

$$D_{\text{crit}} = 1.73\sqrt{(n_1+n_2)/n_1 n_2} \qquad (7.2)$$

基于链上交易时间戳和金额的地址关联优化算法如算法7.2所示。

---

**算法7.2** 基于交易时间戳和金额的地址关联优化算法

---

**Input**：已聚合关联集合 $P$；

**Output**：优化后的聚合关联分组集合；

1：按照交易金额和时间戳对已聚合的集合进行再次分组 $P = \{P_1, P_2, \cdots, P_i\}$；

2：**for** 每次取出不同的两个分组 $P_i, P_j$ **do**

3：选取经验累积分布函数 $f_i(x)$ 和 $f_j(x)$，分别对应样本 $f_{P_n}i(x)$ 和 $f_{P_n}j(x)$。

4：计算 $D = \max_x |F_{P_{ni}}(x) - F_{P_{nj}}(x)|$

5：计算 $D_{\text{crit}} = 1.73\sqrt{(n_i+n_j)/n_i n_j}$

6：　　**if** $D > D_{\text{crit}}$ **then**

7：这两个分组属于同一个集合

8：　　**else**

9：这两个分组不属于同一个集合

10：　　**end if**

11：**end for**

---

### 7.5.4 基于模块度的地址关联优化算法

基于模块度的地址关联优化算法是基于大数据的社区发现规律而提出的,该优化算法将已聚合的地址集合 $P$ 看作一个社区,利用模块度作为衡量社区划分优劣的重要指标,通过比较某一网络社区的连接密度与同结构基准网络社区的连接密度的差值,来衡量网络社区划分的优劣。首先,将已聚合的地址集合预处理为 $G=\{V,E\}$,其中 $V$ 表示地址集合,$E$ 表示地址之间的交易结合。然后利用公式(7.3)计算模块的度 $Q$。

$$Q=\frac{1}{2m}\Sigma\left[G_{ij}-\frac{k_ik_j}{2m}\right]\sigma(c_i,c_j) \tag{7.3}$$

其中,假设 $G$ 是已聚合关联的地址集合预处理后的邻接矩阵,$k_v=\Sigma G_{v,w}$ 表示节点 $v$ 的度,边 $(v,w)$ 在基准网络中存在的概率为 $k_vk_w/2m$,$m$ 表示图 $G$ 中的连边数目,$c_v$ 表示节点 $v$ 所述社区。如果 $u=v$,$\sigma(u,v)=1$,反之 $\sigma(u,v)=0$。公式(7.3)的数学意义为,网络中同一社区内部边的比例与在同样社区结构下基准网络内部边比例的期望值之差。

为了验证聚合关联集合 $P$ 中每个地址是否确定属于该集合,首先将每个顶点(地址)作为一个社区,考虑每个社区的邻居节点,合并到该社区;然后利用公式(7.4)计算 $Q$ 的变化 $\Delta Q$,找到最大的正 $\Delta Q$,合并点到该社区;最后进行多次迭代,至社区中的顶点不再变动为止。

$$\Delta Q=\left[\frac{\Sigma_{in}+k_{i,in}}{2m}-\left(\frac{\Sigma_{tot}+k_i}{2m}\right)^2\right]-\left[\frac{\Sigma_{in}}{2m}-\left(\frac{\Sigma_{tot}}{2m}\right)^2-\left(\frac{k_i}{2m}\right)^2\right] \tag{7.4}$$

同样可以利用该优化算法对已聚合关联的集合进行更加细粒度的划分。具体的算法流程如图 7.4 所示。

# 第 7 章  链上与链外多数据融合的区块链数字货币用户身份识别

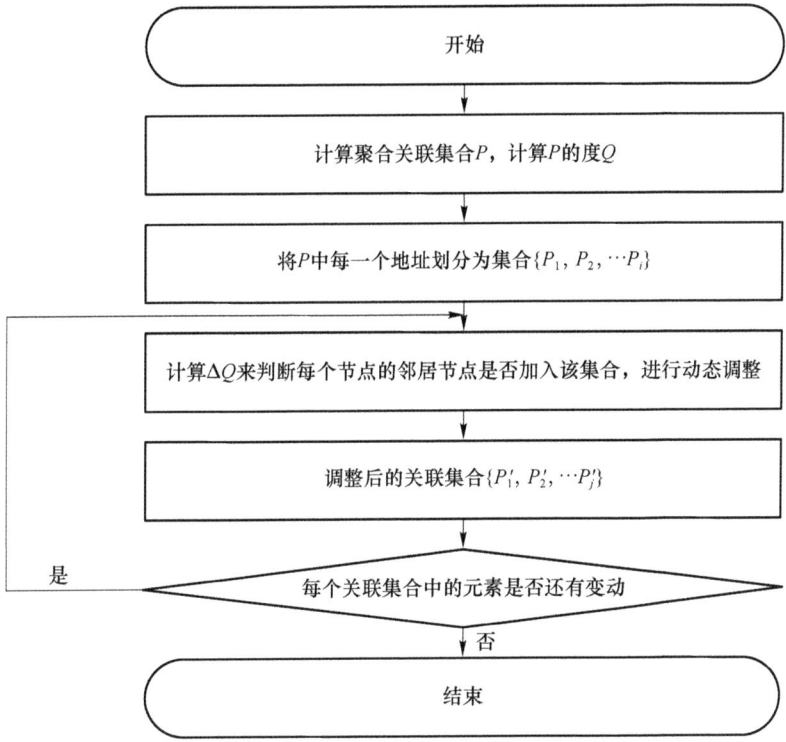

图 7.4  基于模块度的地址关联优化算法流程图

基于模块度的地址关联优化算法如算法 7.3 所示。

---

**算法 7.3**  基于模块度的地址关联优化算法

**Input**：已聚合关联的集合；

**Output**：优化后的细粒度的聚合关联集合；

1：将聚合关联集合预处理为 $G = \{G_1(V,E), G_2(V,E), \cdots, G_N(V,E)\}$；

2：**for** $k \in [1, N]$ **do**

3：　　**for** $G_k(V,E)$ 中的每个节点 **do**

4：计算 $Q$；

5：　　**for** $V$ 的所有邻接点 $V'$ **do**

6：　　　　考虑每个节点的邻接点，计算 $\Delta Q$；

7：       找到(最大的正 $\Delta Q$)，合并点到该社区；

8：    end for

9：    end for

10： end for

## 7.6 实验分析

本章所需的实验环境和测试数据集如 4.6 节所述。

### 7.6.1 准确率与召回率分析

实验数据采用公开的比特币网络交易数据，并且使用为公共比特币网络数据提供专业聚合服务的网站 Walletexplorer.com 作为实验聚合关联结果的对比参考，本实验假设该网站的结果是正确且全面的。在本小节中同样采用和第 5 章同样的 4 种不同数量的数据集作为实验数据。

从 4 种数据集中提取数据并使用算法 7.1～算法 7.3 进行聚合关联和优化。表 7.4 和图 7.5 比较了使用这 4 种数据集获得的聚合关联结果。4 种数据集的平均准确率为 95.24%、平均召回率为 99.39%，该结果与混币交易模式下的地址聚合关联方法相比分别提升了 3.01% 和 0.31%。说明在考虑链外数据的情况下聚合关联的结果有了一定的提升。同样需要说明的是，地址数量的增加会导致准确性的降低，主要是因为基于找零地址的规则和互斥标签对可能会导致误报。此外，出现误报的概率随着地址的增加而增加。

# 第7章 链上与链外多数据融合的区块链数字货币用户身份识别

表7.4 链上与链外多数据融合的不同数据集合的准确率和召回率对比表

| 实验数据集 实验获得 | 实验获得的地址数量（TN$_2$） | 实验获得的正确的地址数量（CN） | 网站提供的地址数量（TN$_1$） | 准确率（Accuracy rate）/% | 召回率（Recall rate）/% |
|---|---|---|---|---|---|
| 数据集1 | 9 | 9 | 9 | 100 | 100 |
| 数据集2 | 86 | 85 | 85 | 98.84 | 100 |
| 数据集3 | 501 | 469 | 472 | 93.61 | 99.36 |
| 数据集4 | 915 | 810 | 825 | 88.52 | 98.18 |

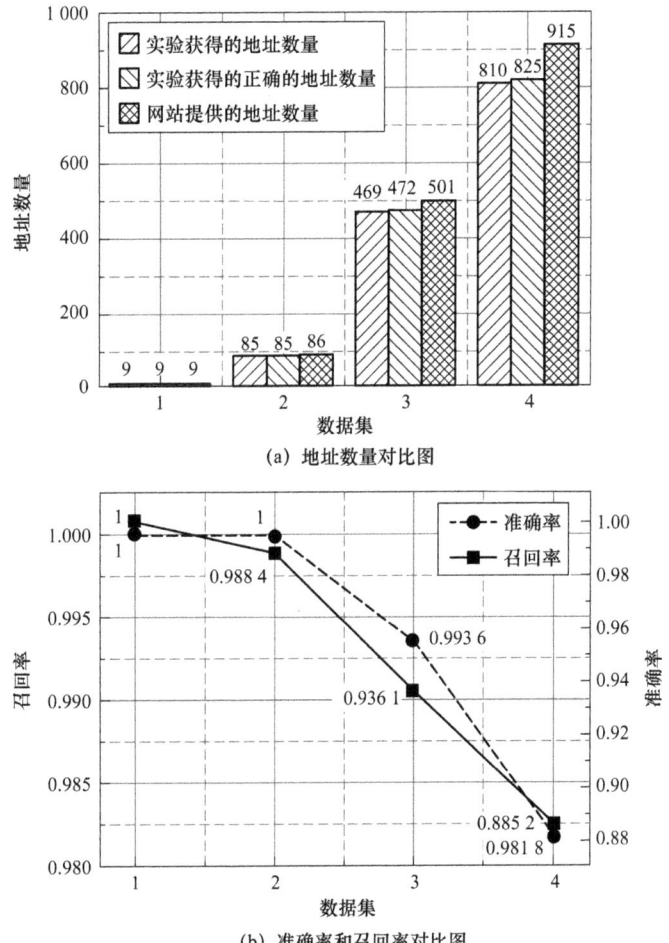

(a) 地址数量对比图

(b) 准确率和召回率对比图

图7.5 不同数据集的实验数据对比图

高峰等人提出了区块链数字货币监管技术。其中,技术监管的思想是定期采集链上和链外数据,通过分析这些数据蕴藏的关联关系来实现区块链数字货币的监管。其实验效果与本章算法 7.1 的实验效果类似,但是本章还使用了算法 7.2 和算法 7.3 对算法 7.1 的实验结果进行了优化。因此,本章的方法获得实验结果更接近于真实的结果。

## 7.6.2 CryptoLocker 实例分析

本节针对 2013 年爆发的 CryptoLocker 比特币勒索事件进行实例分析。使用爬取到的 5 个 CryptoLocker 勒索地址作为数据源,并使用算法 7.1～算法 7.3 进行地址聚合关联和聚合集合优化。

(1) CryptoLocker 勒索地址、交易和金额分析

利用链上与链外多数据源相结合的聚合关联算法(算法 7.1)发现了 968 个勒索地址,涉及 795 笔交易和 1 128.40 枚比特币的价值。这些数据与专业聚合服务的网站 Walletexplorer.com 一致,主要是因为 CryptoLocker 勒索的持续时间较短,没有复杂的混合关联关系。

(2) CryptoLocker 勒索的比特币金额和对应的时间分析

通过研究链上数据,本章发现 CryptoLocker 勒索的比特币金额和对应的时间如表 7.5 所示。

表 7.5  CryptoLocker 勒索的比特币金额和对应时间表

| 勒索金额/枚 | 勒索时间 |
| --- | --- |
| 2(±0.1) | 2013 年 9 月 5 日—11 月 11 日之间,11 月 8 日左右将赎金减少到 1 枚比特币,允许 3 天的赎金期限 |
| 1(±0.1) | 2013 年 11 月 8 日—11 月 13 日,11 月 10 日左右将赎金减少到 0.5 枚比特币,允许 3 天的赎金期限 |

续 表

| 勒索金额/枚 | 勒索时间 |
|---|---|
| 0.5(±0.05) | 2013年11月10日—11月27日,11月24日左右将赎金减少至0.3枚比特币,允许3天的赎金期限 |
| 0.3(±0.05) | 2013年11月24日—12月31日 |
| 10(±0.1) | 2013年11月1日—11月11日 |
| 2(±0.1) | 2013年11月11日—2014年1月31日 |
| 0.6(0.1) | 2013年12月20日—2014年1月31日 |

(3) CryptoLocker 数据样本中受害者所属国家分析

根据美国反恐局(Counter Terrorist Unit,CTU)的研究人员发现的研究 CryptoLocker 的目标是商业专业人士,本章可以合理地假设赎金支付应在正常的工作时间或者至少在白天进行,并假设工作日的工作时间为早上9点到下午5点。本章取表7.5中的1枚比特币、2枚比特币和0.3枚比特币的数据样本作为研究对象。根据具体的交易时间戳和金额样本分布,以及利用算法7.2研究发现:①1枚比特币赎金主要是由美国的受害者支付的,约占99.1%;②2枚比特币赎金主要是由美国和英国的受害者支付的,分别约占71.2%和5.7%;③0.3枚比特币赎金主要是由美国、英国和澳大利亚的受害者支付的,分别约占24.0%、19.4%和13.1%。本章的研究结果与CTU的研究结果基本一致,如表7.6和图7.6所示。

表7.6 CryptoLocker 数据样本中受害者所属国家占比统计表

| 勒索金额 | 受害者所属国家 | 本章研究结果/% | CTU研究结果/% |
|---|---|---|---|
| 1枚比特币 | 美国 | 99.1 | 99.6 |
| | 其他国家 | 0.9 | 0.4 |

续 表

| 勒索金额 | 受害者所属国家 | 本章研究结果/% | CTU 研究结果/% |
|---|---|---|---|
| 2 枚比特币 | 美国 | 71.2 | 70.2 |
| | 英国 | 5.7 | 5.5 |
| | 其他国家 | 23.1 | 24.3 |
| 0.3 枚比特币 | 美国 | 24.0 | 23.8 |
| | 英国 | 19.4 | 19.0 |
| | 澳大利亚 | 13.1 | 12.9 |
| | 其他国家 | 43.5 | 44.3 |

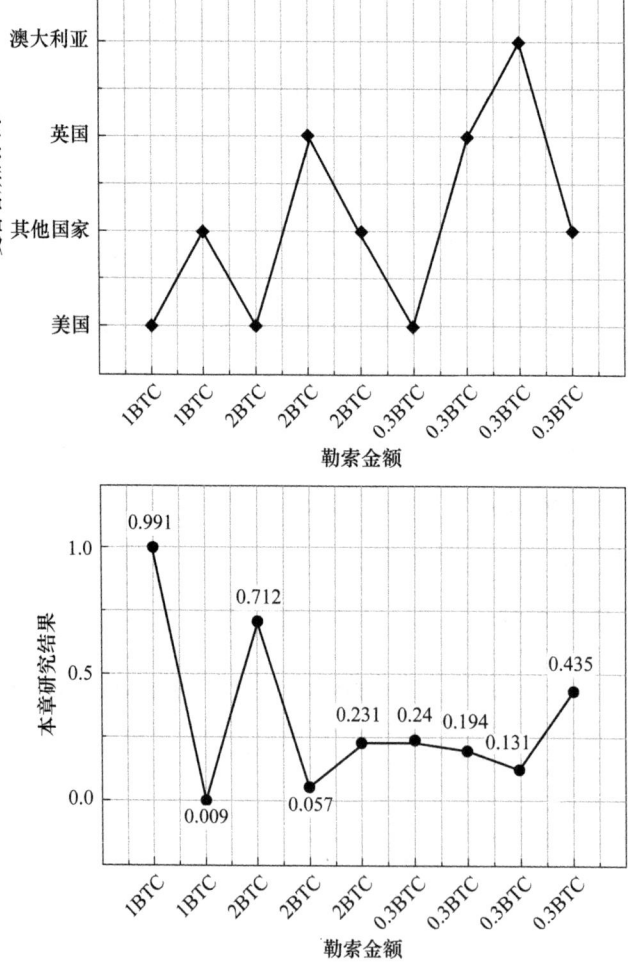

· 192 ·

| 第 7 章 | 链上与链外多数据融合的区块链数字货币用户身份识别

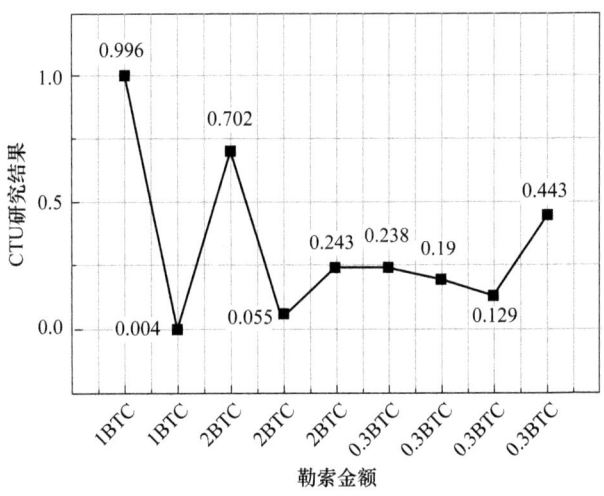

图 7.6 CryptoLocker 数据样本中受害者所属国家占比统计图

（4）CryptoLocker 勒索地址优化关联分析

利用模块度的优化算法（算法 7.3）研究发现：968 个勒索地址来自 17 个不同的子社区，且各个子社区内所有地址的赎金余额被转移到中心的单个聚合地址，如图 7.7 所示。

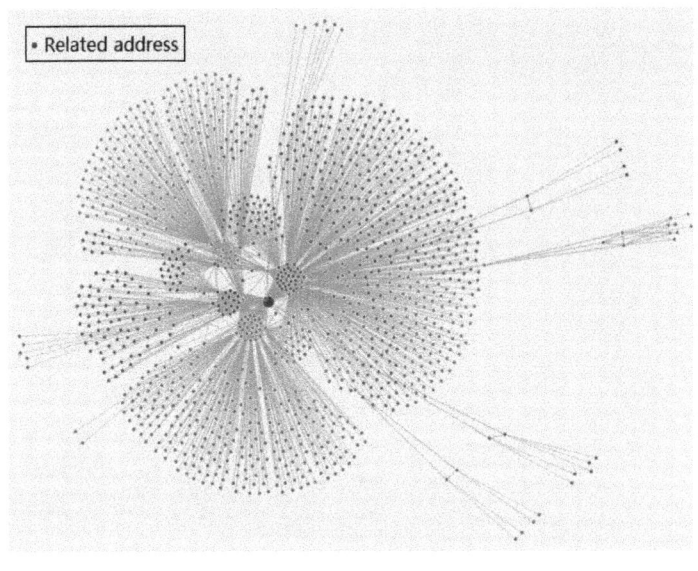

图 7.7 CryptoLocker 勒索地址分组图

## 7.7 本章小结

本章首先介绍链上与链外多数据源结合模式的身份识别模型;其次利用链上交易时间戳、交易金额和交易地址,结合链外获得的地址身份数据,研究了基于模块度的优化算法和基于交易时间戳和金额的优化算法,实现更加准确的比特币用户身份识别;最后进行了大量的实验验证和分析。

# 第 8 章 未来研究方向

## 8.1 现有技术体系的局限性分析

(1) 区块链地址关联的传统方法

当前主流的地址关联技术主要依赖交易所 KYC(Know Your Customer)数据与链上交易模式分析。中心化交易所要求用户实名注册,其充值/提现行为会在链上形成"实名入口",通过追踪这些入口地址与其他地址的资金流动,可部分实现身份关联。例如,执法机构常通过分析混币器(如 Tornado Cash)的资金流向,并结合交易所 KYC 信息定位嫌疑人。

(2) 技术瓶颈与挑战

匿名性增强技术的对抗:混币服务、跨链桥接、隐私币(如 Monero、Zcash)等技术的发展显著地增加了追踪难度。混币器通过混淆资金路径,跨链桥接将资产转移至不同链,隐私币则直接隐藏交易金额和地址信息。

数据孤岛问题:不同区块链网络(如比特币、以太坊、Solana)之间缺乏统一的数据交互标准,跨链分析需依赖第三方平台,这将导致分析效率低下。

法律与隐私的冲突：过度的身份关联可能侵犯用户隐私,而各国数据保护法规(如 GDPR)对链上数据的使用存在严格限制,如何平衡监管需求与个人权利成为难题。

## 8.2 未来研究方向

(1) 多源数据融合的地址关联模型

链上数据深度挖掘：基于图论构建地址关联图谱,通过交易频率、金额模式、时间戳等特征识别异常行为。例如,利用社区检测算法(如 Louvain 算法)发现地址集群,结合机器学习模型(如随机森林、图神经网络)预测地址的功能属性(如交易所地址、混币器地址)。

链外数据协同分析：整合 IP 地址、设备指纹、社交网络数据等外部信息,建立多维度身份画像。例如,通过分析用户在社交媒体上公开的钱包地址,结合地理位置数据推断真实身份。

案例：2022 年,美国司法部通过追踪 Bitfinex 被盗比特币的链上流动,结合交易所 KYC 信息与暗网论坛数据,成功锁定犯罪嫌疑人。

(2) 隐私保护与身份识别的平衡机制

零知识证明(ZK-SNARKs)的应用：在验证用户身份的同时不泄露敏感信息。例如,用户可通过零知识证明向监管机构证明其交易符合要求,而无须披露具体交易细节。

同态加密技术：允许在加密数据上进行计算,实现"数据可用不可见"。例如,交易所可将加密后的 KYC 数据上传至联盟链,供监管机构进行合规性分析而不暴露原始信息。

差分隐私技术：在地址关联过程中添加噪声,避免单个用户的身份被精确识别。例如,在公开交易统计数据时,通过差分隐私算法保护用户隐私。

(3) 跨链协同识别技术

跨链数据索引与查询:开发标准化协议(如 Chainlink CCIP)实现多链数据的实时同步与分析。例如,通过构建统一的地址标签系统,追踪资产在不同链之间的转移路径。

跨链混币行为检测:结合各链的交易特征,设计跨链异常检测模型。例如,识别频繁使用跨链桥接且资金流向模糊的地址集群。

(4) 去中心化身份(DID)体系的构建

基于区块链的 DID 标准:利用智能合约实现用户身份的自主管理,用户可选择性地向验证者披露信息。例如,SelfKey 平台通过区块链存储学历、医疗等证明,用户可授权第三方机构访问特定数据。

DID 与 KYC 的融合:建立去中心化 KYC 联盟,允许用户在多个平台复用身份认证结果。例如,用户在 A 交易所完成 KYC 后,可通过 DID 向 B 交易所证明其合规性,以减少重复认证成本。

(5) 监管科技(RegTech)的创新应用

实时监控与预警系统:部署 AI 驱动的交易监控平台,对大额转账、高频交易等异常行为进行实时预警。例如,Circle 的 USDC 交易监控系统可识别洗钱模式并冻结可疑账户。

合规性自动化验证:通过智能合约自动执行反洗钱(AML)规则。例如,当检测到某地址与制裁名单关联时,自动触发交易拦截。

## 8.3 关键技术挑战与解决方案

(1) 数据质量与标注问题

挑战:链上数据存在噪声(如测试交易、合约交互),且缺乏统一的标签标准,影响模型训练效果。

解决方案:开发自动化数据清洗工具,结合专家知识构建高质量标注数据集。例如,利用聚类算法过滤异常交易,通过人工标注关键地址类型(如矿池地址、交易所地址)。

(2)计算效率与扩展性

挑战:随着区块链数据量的指数级增长,传统分析方法难以满足实时性需求。

解决方案:采用分布式计算框架(如 Spark、Flink)处理大规模链上数据,结合增量更新技术优化查询效率。例如,Hyperledger Grid 项目通过分布式账本技术实现供应链数据的高效追溯。

(3)法律与伦理风险

挑战:身份识别技术可能被滥用,从而侵犯用户隐私或引发数据泄露。

解决方案:建立分级权限管理机制,明确监管机构、企业和用户的数据访问权限。例如,欧盟的 MiCA 法规要求加密货币服务商在保护隐私的前提下配合监管调查。

## 8.4 应用场景与社会价值

(1)金融犯罪防控

案例:2023 年,Chainalysis 协助追回价值 3.5 亿美元的 Ronin 桥被盗资金,通过分析混币器的资金流向锁定犯罪团伙。

潜力:通过地址关联技术追踪跨境洗钱、诈骗等活动,提升金融系统安全性。

(2)数字身份管理

案例:爱沙尼亚的区块链数字身份证系统允许公民安全访问政府服务,

以减少身份盗窃风险。

潜力:构建去中心化数字身份生态,推动金融普惠与政务数字化。

(3)合规性监管

案例:新加坡金管局(MAS)的 Project Guardian 利用区块链技术监控跨境支付合规性。

潜力:实现实时、透明的监管,降低合规成本,促进加密货币市场健康发展。

## 8.5 结论与展望

基于地址关联的区块链数字货币用户身份识别研究是一项复杂的系统性工程,需融合密码学、机器学习、法律等多学科知识。未来研究应重点关注以下方向:

① 技术突破:开发抗量子密码算法、自适应隐私保护模型,应对匿名性增强技术的挑战。

② 标准制定:推动跨链数据共享协议与 DID 国际标准的建立,解决数据孤岛问题。

③ 生态构建:促进政府、企业、学术界的协同创新,平衡技术发展与伦理风险。

通过持续创新,该领域的研究将为数字货币的合规化发展提供关键支撑,助力构建安全、透明的数字经济新生态。

# 参考文献

[1] NAKAMOTO S. Bitcoin: a peer-to-peer electronic cash system[EB/OL]. http://bitcoin.org/bitcoin.pdf.

[2] 沈蒙, 桑安琪, 祝烈煌, 等. 基于动机分析的区块链数字货币异常交易行为识别方法[J]. 计算机学报, 2021, 44(1): 193-208.

[3] AL-BASSAM M, SONNINO A, BUTERIN V. Fraud and data availability proofs: maximising light client security and scaling blockchains with dishonest majorities[EB/OL]. https://arxiv.org/abs/1809.09044v5.

[4] LAWRENCE WHITE. CBDCs, once deployed, may test Federal Reserve's retail banking capability[EB/OL]. https://eng.ambcrypto.com/cbdcs-once-deployed-may-test-federal-reserves-retail-banking-capability/.

[5] ANDROULAKI E, KARAME G O, ROESCHLIN M, et al. Evaluating user privacy in Bitcoin[C]// Financial Cryptography and Data Security. Berlin, Heidelberg: Springer Berlin Heidelberg, 2013: 34-51.

[6] MEIKLEJOHN S, POMAROLE M, JORDAN G, et al. A fistful of

Bitcoins[J]. Communications of the ACM, 2016, 59(4): 86-93.

[7] REID F, HARRIGAN M. An analysis of anonymity in the Bitcoin system[C]//2011 IEEE Third International Conference on Privacy, Security, Risk and Trust and 2011 IEEE Third International Conference on Social Computing. Boston, MA, USA. IEEE, 2011: 1318-1326.

[8] RON D, SHAMIR A. Quantitative analysis of the full Bitcoin transaction graph[C]// Financial Cryptography and Data Security. Berlin, Heidelberg: Springer Berlin Heidelberg, 2013: 6-24.

[9] ZHAO C, GUAN Y. A graph-based investigation of Bitcoin transactions[C]// Advances in Digital Forensics XI. Cham: Springer International Publishing, 2015: 79-95.

[10] LIAO K, ZHAO Z M, DOUPE A, et al. Behind closed doors: measurement and analysis of CryptoLocker ransoms in Bitcoin[C]// 2016 APWG Symposium on Electronic Crime Research (eCrime). Toronto, ON, Canada. IEEE, 2016: 1-13.

[11] 陈燕红, 于建忠, 李真. 央行数字货币的经济效应与审慎管理进路[J]. 东岳论丛, 2020, 41(12): 121-128.

[12] 斯雪明, 陈文光. 区块链与数字货币技术专题前言[J]. 软件学报, 2019, 30(6): 1575-1576.

[13] 王晨旭, 程加成, 桑新欣, 等. 区块链数据隐私保护: 研究现状与展望[J]. 计算机研究与发展, 2021, 58(10): 2099-2119.

[14] 沈蒙, 车征, 祝烈煌, 等. 区块链数字货币交易的匿名性: 保护与对抗[J]. 计算机学报, 2023, 46(1): 125-146.

[15] 蔡维德, 朱岩. 基于区块链的现代服务可信交易关键技术[J]. 信息

安全研究, 2022, 8(5): 416-417.

[16] RON D, SHAMIR A. How did dread pirate Roberts acquire and protect his Bitcoin wealth? [C]// Financial Cryptography and Data Security. Berlin, Heidelberg: Springer Berlin Heidelberg, 2014: 3-15.

[17] SABBADIN R, SPRING D, RABIER C E. Dynamic reserve site selection under contagion risk of deforestation[J]. Ecological Modelling, 2007, 201(1): 75-81.

[18] FLEDER M, KESTER M S, PILLAI S. Bitcoin transaction graph analysis[EB/OL]. https://arxiv.org/abs/1502.01657v1.

[19] SPAGNUOLO M, MAGGI F, ZANERO S. BitIodine: extracting intelligence from the Bitcoin network[C]// Financial Cryptography and Data Security. Berlin, Heidelberg: Springer Berlin Heidelberg, 2014: 457-468.

[20] BAUMANN A, FABIAN B, LISCHKE M. Exploring the Bitcoin network[C]//Proceedings of the 10th International Conference on Web Information Systems and Technologies. Barcelona, Spain. SCITEPRESS-Science and Technology Publications, 2014: 369-374.

[21] LISCHKE M, FABIAN B. Analyzing the Bitcoin network: the first four years[J]. Future Internet, 2016, 8(1): 7.

[22] DUPONT J, SQUICCIARINI A C. Toward de-anonymizing Bitcoin by mapping users location [C]//Proceedings of the 5th ACM Conference on Data and Application Security and Privacy. San Antonio Texas USA. ACM, 2015: 139-141.

[23] ZHAO C, GUAN Y. A graph-based investigation of Bitcoin transactions [C]//Advances in Digital Forensics XI. Cham: Springer International Publishing, 2015: 79-95.

[24] ZHAO C. A graph-based investigation of bitcoin transactions[D]. Iowa, USA: Iowa State University, 2014.

[25] BRUGERE I. Bitcoin network data tools[EB/OL]. https://github.com/ivanbrugere/Bitcoin-Transaction-Network-Extraction/blob/master/README.pdf.

[26] KAMINSKY D. Black ops of TCP/IP 2011 [EB/OL]. https://dankaminsky.com/2011/08/05/bo2k11/.

[27] MÖSER M, BÖHME R, BREUKER D. An inquiry into money laundering tools in the Bitcoin ecosystem[C]//2013 APWG eCrime Researchers Summit. San Francisco, CA, USA. IEEE, 2013: 1-14.

[28] SANTAMARIA ORTEGA M. The bitcoin transaction graph: anonymity [EB/OL]. http://openaccess.uoc.edu/webapps/o2/bitstream/10609/23562/10/msantamariaoTFM0613presentation.pdf.

[29] NICK J D. Data-driven de-anonymization in bitcoin [D]. Zurich, Switzerland: ETH-Zürich, 2015.

[30] NEUDECKER T, HARTENSTEIN H. Could network information facilitate address clustering in Bitcoin? [C]//Financial Cryptography and Data Security. Cham: Springer International Publishing, 2017: 155-169.

[31] FERRIN D. A preliminary field guide for bitcoin transaction patterns [EB/OL]. https://pdfs.semanticscholar.org/897e/7320b837a3ad89d7023724559f5ad55dfee4.pdf.

[32] CHAN J, LIU T, XUE E. Analyzing the bitcoin transaction graph:

a look at mixers and traceability[EB/OL]. http://css. csail. mit. edu/6. 858/2013/projects/jeffchan-exue-tanyaliu. pdf.

[33] DE BALTHASAR T, HERNANDEZ-CASTRO J. An analysis of Bitcoin laundry services[C]//Secure IT Systems. Cham: Springer International Publishing, 2017: 297-312.

[34] MAXWELL G. Coinjoin: Bitcoin privacy for the real world[EB/OL]. https://bitcointalk. org/index. php? topic=279249.

[35] MAXWELL G. Coinswap: transaction graph disjoint trustless trading [EB/OL]. https://bitcointalk. org/index. php? topic=321228. 0.

[36] BONNEAU J, NARAYANAN A, MILLER A, et al. Mixcoin: anonymity for Bitcoin with accountable mixes [C]// Financial Cryptography and Data Security. Berlin, Heidelberg: Springer Berlin Heidelberg, 2014: 486-504.

[37] ATLAS K. Weak privacy guarantees for sharedcoin mixing service[EB/OL]. http://www. coinjoinsudoku. com/advisory/.

[38] BIRYUKOV A, KHOVRATOVICH D, PUSTOGAROV I. Deanonymisation of clients in Bitcoin P2P network[C]//Proceedings of the 2014 ACM SIGSAC Conference on Computer and Communications Security. Scottsdale Arizona USA. ACM, 2014: 15-29.